Ravensburger Taschenbücher
Band 641

Ingeborg Bayer wurde 1927 in Frankfurt/Main geboren. Zunächst wurde sie Bibliothekarin, später studierte sie Medizin. Nach ihrer Heirat 1958 begann sie ihre literarische Tätigkeit mit der Veröffentlichung von Erzählungen bei verschiedenen Zeitungen. Seit 1962 ist sie freie Mitarbeiterin bei mehreren Sendern.
In ihren Büchern befaßt sich Ingeborg Bayer hauptsächlich mit Themen aus Geschichte und Zeitgeschichte, wobei sie in ihren letzten Veröffentlichungen den sozialen Aspekt in den Vordergrund stellte.

Mehrere ihrer Bücher waren auf der Auswahlliste zum Deutschen Jugendbuchpreis. 1975 erhielt sie den Österreichischen Staatspreis und den Friedrich-Boedecker-Preis.

Ingeborg Bayer

YAMBA

Geschichte einer Reise
von Liverpool nach Barbados

Otto Maier Verlag
Ravensburg

Von Ingeborg Bayer sind bisher folgende Bücher
in den Ravensburger Taschenbüchern erschienen:

Erstmals 1980 in den Ravensburger Taschenbüchern

Lizenzausgabe mit Genehmigung des

Signal-Verlags, Hans Frevert, Baden-Baden

© 1976, Signal-Verlag Hans Frevert, Baden-Baden

Umschlagentwurf: Manfred Burggraf

5 4 3 2 1   84 83 82 81 80

ISBN 3-473-38641-3

Diese Geschichte könnte viele Anfänge haben.

Sie könnte zum Beispiel mit dem Auslaufen unseres Schiffes, der *Mary Anne*, beginnen. Ich könnte erzählen, wie die Leute winkend an den Kais standen, als die Anker gezogen wurden, wie die Glocken von St. Paul herüberklangen und unter Trompetenklängen und Trommelwirbel die Segel gesetzt wurden, wie der Salut dröhnte und das Knarren der Segel in unsere Ohren drang, wie das dunkelbraune Wasser des Mersey Rivers gegen den Schiffsbauch schlug, das Stimmengewirr am Ufer langsam leiser wurde. Wie wir mit der ersten Landbrise, die uns erfaßte, endlich das offene Meer gewannen.

Sie könnte jedoch ebensogut mit einer Jahreszahl beginnen: Dies war meine erste Reise zur See im Jahre 1793, und ich fuhr auf dem Schiff meines Vaters. Einem Sklavenschiff übrigens, das zur British Royal African Company gehörte und nach New Calabar im Niger-Delta und nach Bonny auslief. Wir hatten Tand an Bord – Perlen, Messer, Kopftücher, Hirschfänger, Eisenbarren, Brandy und Musketen. Und wir wollten Schwarze dafür eintauschen – Nagos, Tapas, Bamburas, Calabares und Aschantis. Wir wollten diese Schwarzen in Barbados oder in Kingston auf Jamaika verkaufen, und wir wollten mit Zucker, Rum und Baumwolle nach Liverpool zurückkehren – wie es in dieser Zeit so üblich war. Mein Vater rechnete mit einem Profit von mindestens 24 000 Pfund für diese Reise.

Aber für einen, der noch nie eine Geschichte geschrieben hat, ist es schwer zu wissen, wo eine Sache anfängt. Ob sie wirklich erst da beginnt, wo der Leser im allgemeinen die Möglichkeit hat, zuzuhören, nämlich da, wo etwas geschieht. Oder ob sie vielleicht viel früher beginnt, da, wo eigentlich noch nichts geschieht. Da ich glaube, daß meine Geschichte nicht erst mit dem Auslaufen der *Mary Anne* ihren Anfang nimmt, sondern eine ganze Zeit eher, möchte ich von da ab erzählen, wo noch nichts geschieht. Zumindest nichts, was für alle sichtbar ist. Und wo die Geschichte nur mit mir zu tun hat.

Ich möchte also nicht im Jahre 1793 beginnen, sondern bereits zehn Jahre früher. Damals war ich gerade sechs Jahre alt, und ich entsinne mich genau an den Tag, an dem ich begriff, was es heißt, verkauft zu werden. Es war Sommer. Ein heißer Sommer übrigens. Ein Sommer, in dem selbst das Meer nicht imstande war, uns Kühlung zu bringen, und in dem der Teer in den Fugen der Schiffsplanken nicht erst am Äquator schmolz. Meine Hand schwitzte in der Hand meines Vaters, als ich an jenem Morgen durch die Straßen unserer Stadt ging. Es war Freitag, und mein Vater wollte zu einer öffentlichen Auktion gehen, die für diesen Morgen angekündigt war. Außerdem wollte er mit mir zu den Salthouse Docks, wo die *Mary Anne* zum Überholen lag und eine neue Takelage bekommen sollte. Als wir in der Nähe des Zollamtes, dem Versteigerungsort, angekommen waren, traf mein Vater einen Bekannten. Er löste meine Hand aus der seinen, und ich schlenderte zu den breiten Treppen des roten Ziegelbaues hinüber, auf denen bereits viele Leute standen. Einige von ihnen kannte ich. Mrs. Yates zum Beispiel brachte meiner Mutter einmal in der Woche frische Eier von ihrem Bauernhof, und Mrs. Moorecroft nähte für uns Kinder seit vielen Jahren die Kleider. Ich stellte mich neben einen gemütlich aussehenden Mann, der sich mit einer kleinen rundlichen Frau unterhielt. »Ich finde, dreißig Pfund wären genug«, sagte die Frau gerade, »wenn ich sie erst noch anlernen muß. Und die letzte lief ohnehin nach zwei Wochen weg.«

»Sollst schon eine bekommen, die dir paßt«, sagte der Mann und klopfte seiner Frau zärtlich die Hand, »und wenn dir wieder eine wegläuft, bekommt sie die Peitsche.«

»Wenn wir sie erst wieder haben«, gab die Frau zurück und schaute interessiert die Stufen hinauf, »was hältst du denn von der?«

Ich folgte ihrem Blick und sah, wie oben gerade eine Gruppe Schwarzer herbeigeführt wurde und ein großer bärtiger Mann eine der Frauen beim Arm ergriff. Er ließ sie den Mund öffnen, zwang sie, auf den Treppenstufen hin- und herzurennen, dann schrie er etwas in die Menge, was ich nicht verstand. Einer der Männer, die in der ersten Reihe standen, nahm die Frau beim Arm, betrachtete sie prüfend von allen Seiten und ging nach einem kurzen Wortwechsel mit ihr weg.

»Wir hätten weiter nach vorne gehen sollen«, sagte die rundliche Frau jetzt ärgerlich, »die besten gehen immer gleich weg. Zum Schluß bleibt nur noch der Ausschuß.«

Der Mann setzte seine breiten Schultern in Bewegung und bahnte für sich und die Frau einen Weg nach vorne. Inzwischen hatte mich Mrs. Yates entdeckt und kam auf mich zu. »Ihr braucht aber hoffentlich nicht eine neue Sarah«, sagte sie lachend. Ich schaute sie verständnislos an und erklärte dann, daß mein Vater mir die neue Takelung der *Mary Anne* zeigen wolle. Sie tätschelte mir die Wange und schaute dann wieder zu den Stufen hinauf, auf denen noch immer der bärtige Mann und die Schwarzen standen. Einige von ihnen waren in der Zwischenzeit mit Leuten weggegangen. Die jetzt noch übrigen waren schwächlich und blickten verängstigt auf uns herunter. Ich wollte mich schon nach meinem Vater umschauen, als ich einen kleinen Jungen entdeckte, der sich krampfhaft am Lendenschurz seiner Mutter festhielt. Der bärtige Mann griff die Frau am Arm, ließ sie den Mund öffnen, ein paar Sprünge machen und gab sie dann einem Mann, der zu ihm heraufkam und ihm ganz offenbar Geld gab. Ich konnte sehen, wie er seinen Geldbeutel hervorzog, etwas herausnahm, das der bärtige Mann dann in seine Taschen schob. Das Kind schrie, als die Frau seine Hände löste.

»Da seien gerade wunderschöne Musselinstoffe angekommen«, sagte mein Vater hinter mir und nahm mich wieder bei der Hand, »da deine Mutter nächste Woche Geburtstag hat, könnten wir schauen, ob uns etwas gefällt.«

Aber mich interessierten im Augenblick nicht die Musselinstoffe, sondern der kleine Junge, dessen Geschrei jetzt in ein Wimmern überging, als der Mann ihn hochhob. Die Frau war, ohne sich noch einmal umzudrehen, weggegangen.

»Warum weint er?« fragte ich.

Mein Vater bahnte sich einen Weg durch die Menge und zeigte zu den Salthouse Docks hinüber. »Dort drüben liegt sie, kannst du sie schon sehen?«

Ich blieb stehen und schaute mich noch einmal um. Der kleine Junge hing noch immer schreiend in der Luft, und ich hatte das Gefühl, daß der bärtige Mann ihn jetzt mehr ärgerlich als fröhlich hin- und herschwenkte.

»Bin mal gespannt, ob dir die Farbe gefällt!« sagte mein Vater, als wir die Old Docks hinter uns ließen.

»Warum hat er geschrien?«

»Seine Mutter ist verkauft worden.«

Ich wußte, was verkaufen bedeutet. Man gibt Geld, und man bekommt etwas dafür. Eier zum Beispiel, wie bei Mrs. Yates. Oder Kleider, wie bei Mrs. Moorecroft. Ich wußte damals nur noch nicht, daß man auch Menschen kaufen kann. So wie Eier oder Kleider. Ich wußte auch damals noch nicht, weshalb man dabei schrie.

»Gehört die Frau also jetzt dem Mann, der sie gekauft hat?« fragte ich weiter.

Wir waren inzwischen bei den Warenhäusern angekommen, die am Kai lagen, und ich hatte den Eindruck, daß mein Vater lieber mit mir über sein Schiff reden wollte als über einen schreienden Jungen. »Natürlich gehört sie ihm«, sagte er daher kurz und deutete zu der Fregatte hinüber, die am hinteren Ende des Docks lag. »Siehst du sie? Sie sind fast fertig mit dem Anstreichen.«

»Und wem gehört der kleine Junge jetzt?«

»Er gehört anderen Leuten«, sagte mein Vater verärgert. »Ich weiß gar nicht, weshalb du mich dauernd nach dem kleinen Jungen fragst, ich hatte gedacht, dich interessieren die Schiffe!«

Ich schwieg. Aber als wir die *Mary Anne* schließlich erreicht hatten und mein Vater mich die Gangway hinaufschieben wollte, konnte ich vor lauter Tränen nichts mehr sehen. Und als mein Vater sich erschrocken zu mir herunterbeugte, umklammerte ich ihn genauso wie der Junge seine Mutter. Nur sagen konnte ich nichts. Auch dann nicht, als mein Vater mit mir wieder zurückging. Verärgert und ratlos oder was weiß ich. Als wir zu Hause ankamen, stürzte ich mich auf meine Mutter und heulte ihre Schürze naß. Das einzige, was sie aus mir herausbrachten, war die Frage, ob sie mich eines Tages auch so verkaufen würden wie jenen Jungen auf den Treppen des Zollhauses.

Ich weiß nicht mehr ganz genau, wie die Geschichte weiterging. Wie viele Schürzen ich meiner Mutter an jenem Tag noch naßheulte. Ich weiß nur noch, daß ich abends nicht mehr allein schlafen wollte, wenn mein großer Bruder nicht da war, und daß die Tür zum Wohnzimmer immer einen Schlitz offenstehen mußte. Und daß ich Alpträume hatte. Ich sah mein Gesicht als Ei in dem großen Henkelkorb von Mrs. Yates, zusammen mit vielen anderen Gesichtern. Und wir wurden alle verkauft. Meine Mutter betrachtete uns prüfend und wählte dann aus. Wenn ich nicht bei den Ausgewählten war, wachte ich meist laut schreiend auf.

Sicherlich vergaß ich eines Tages wieder alles. Ich entsinne mich jedenfalls nicht, daß ich mir später einmal Gedanken darüber gemacht hätte, weshalb allwöchentlich auf den Stufen des Zollhauses oder in den Kaffee- und Warenhäusern Neger verkauft wurden. In London sollte es 20000 von ihnen geben, bei uns in Liverpool hatte eine Straße einen Spitznamen – sie hieß Negerstraße, weil die meisten hier verkauft wurden. Es gab sie überall, auch bei uns daheim. Und ich fragte nie, wie sie dahin gekommen waren. Sie waren einfach da. Sie taten ihre Arbeit, waren vergnügt, und wir Kinder liefen lieber zur dicken alten Sarah als zu unserer Mutter, wenn wir etwas angestellt hatten. Alles war selbstverständlich und löste keine Fragen aus.

Später, als ich größer wurde, sah ich dann auch Dinge, die mir zunächst nicht ganz selbstverständlich waren. Ich las zum Beispiel eines Tages eine Anzeige in der Zeitung: Silberne Vorlegeschlösser für Neger und Hunde. Und ich fragte Ben, meinen großen Bruder, der damals bereits auf einem Kriegsschiff diente, wofür diese Schlösser denn seien.

»Hast du schon einmal einen ›Runaway‹ gesehen?« fragte er zurück. Ich schüttelte den Kopf, denn bei uns war noch niemand weggelaufen. »Meinst du nicht, daß es besser ist, des Nachts ein Vorlegeschloß anzulegen, als ihnen nachher ein R einzubrennen?«

Mit Ben trieb ich mich auch auf den Docks herum, wenn er zu Hause war. Einmal nahm er mich sogar mit nach London in ein großes Kaffeehaus in der Chancery Lane, wo gerade silberne

Halskragen und Mundtrichter verkauft wurden. Ich betrachtete den großen eisernen Trichter, den der Mann hochhielt, und fragte Ben, wozu man ihn brauche.

»Wenn sie nicht essen wollen, öffnet man ihnen den Mund damit und gießt den Brei hinein. Wenn sie nicht ersticken wollen, müssen sie schlucken, verstehst du?«

Ich nickte, aber ich glaube kaum, daß ich verstand. Noch nie hatte jemand Sarah den Mund mit einem Mundtrichter öffnen müssen. »Bei uns zu Hause ist das . . .«

»Bei uns zu Hause ist das natürlich anders«, unterbrach mich Ben, »aber es gibt eben störrische Neger, die lieber sterben wollen als essen. Und dann ist das doch noch immer besser, als wenn man ihnen den Mund mit glühenden Kohlen öffnet, oder?«

Da ich glühende Kohle natürlich schlimmer fand als den Mundtrichter, stimmte ich zu. Weil Ben dafür war. Daß man unter Umständen auch auf eine andere Art und Weise versuchen könnte, die Schwarzen zum Essen zu bringen, darauf brachte mich Ben nicht, und ich selber kam nicht darauf. Ich wuchs hinein in eine Welt, in der alles selbstverständlich war, was wir mit den Schwarzen machten. Und weil es das war, verlernte ich ganz allmählich zu fragen.

Und so begann ich diese erste Reise auch nicht mit dem Gefühl, das andere erfahrene Seeleute vielleicht hatten – daß eine Meuterei ausbrechen könnte, daß uns das Gelbfieber in Afrika holen könnte und all so was. Für mich bestand diese Reise aus einem Gemisch von Freiheit, Sonne, Palmen und so klingenden Namen wie Old Calabar, Bonny, Barbados und Kingston auf Jamaika. Aus mehr nicht.

Und ich ließ mich auch nicht davon abbringen, als mein Vater zwei Tage vor unserer Abreise all meine romantischen Vorstellungen mit einer Handbewegung vom Tisch zu fegen schien.

»Deine Pflicht wird es sein, Mr. Hudson, dem Steward, zu helfen, genauso, wie ich es deiner Mutter versprochen habe, die meint, daß du für die Wanten noch nicht taugst. Ansonsten hast du überall da einzuspringen, wo Hilfe nötig ist.« Wo dies alles war, hatte er allerdings nicht erklärt. Und so fühlte ich mich zutiefst ungerecht behandelt, als mich mein Vater am nächsten Tag – ich stand gerade an die Reling gelehnt und beobachtete das bunte Treiben an den Kais – am Kragen nach unten in das Zwischendeck schleppte und mir befahl, beim Ordnen der Kisten und Ballen zu helfen. Dies alles auch noch vor den Matrosen, die ihre schweißgetränkten Gesichter zu einem Grinsen verzogen, als sie mich so nach unten befördert sahen.

»Nimm's nicht so wichtig«, sagte Francis, der so alt war wie ich und Sam, dem Koch, als Lehrling zugeteilt war, »das ist nur der Anfang. Später wird's lustiger.«

»Warst du denn schon mal mit?« fragte ich, während ich versuchte, eine Kiste in die Ecke des Magazins zu jonglieren.

Francis schüttelte den Kopf. »Ich nicht. Aber mein Bruder fährt schon lange auf einem Kauffahrerschiff. Der hat mir's erzählt.«

Ich wischte mir den Schweiß von der Stirn. »Brüder habe ich auch. Aber ob's lustig wird, kann man doch erst sagen, wenn man dabei war.«

»Du wirst schon sehen«, sagte Francis zuversichtlich, »laß uns nur erst mal unterwegs sein.«

Als ich die Kisten sah, die an diesem Nachmittag und am nächsten Morgen noch eintrafen, die Fässer, die Ballen, schien es mir allerdings ein weiter Weg bis dahin zu sein. Außerdem geschah an diesem Nachmittag, dem letzten vor unserer Abfahrt, noch etwas, was das ganze Schiff in Unruhe versetzte – vier der Matrosen, die auf der Back untergebracht waren, mußten ihre Kabinen räumen und in Hängematten im Zwischendeck umziehen.

»Weißt du, warum?« fragte mich Francis und reichte mir einen Korb mit Perlenketten herüber.

»Vermutlich kommt noch jemand«, sagte Sam, der gerade dazukam, in seinem breiten Yorkshire-Dialekt.

»Wissen Sie, wer, Sir?« fragte Francis.

Sam wuchtete ein Pökelfleischfaß in die Nähe des Eingangs. »Das muß zuerst weg, weil das Holz gerissen ist. Nehmt das gleich morgen. Und verschiebt den Zwieback nicht wieder unter das Petroleum wie beim letzten Mal.« Er schaute uns noch zu, wie wir die Kisten verstauten, dann verließ er den Raum. Als seine Schritte über uns verklungen waren, setzten wir uns auf einen Stoffballen und ließen die Füße baumeln.

»Verstehst du das?« fragte Francis, »weshalb sagt er nichts?«

»Vielleicht weiß er es nicht.«

»Das glaube ich nicht.«

»Kannst du nicht deinen Vater fragen?«

»Damit er mich wieder am Kragen übers Schiff zerrt?«

»Dann müssen wir eben Geduld haben«, sagte Francis seufzend und rutschte von den Ballen herunter.

Aber unsere Geduld wurde auf eine harte Probe gestellt. Am späten Nachmittag kamen zunächst Truhen und Koffer an Bord. Dann zwei Hutschachteln und zum Schluß ein Käfig mit einem Papagei. »Hutschachteln«, sagte Francis verblüfft, »guck mal, Hutschachteln, also eine Frau!«

»Ich hab auch schon mal einen Mann mit so einem Ding gesehen, einen Verrückten!«

»Vielleicht der Doktor«, vermutete John, der bereits seit einem Jahr mit meinem Vater fuhr und es doch noch nicht weiter als bis zum Schiffsjungen gebracht hatte.

»Fährt ein verrückter Doktor mit?«

»Sam sagte es.«

»Was tut mein Vater mit einem verrückten Doktor? Er sucht sich doch sonst seine Leute immer so genau aus!«

»Er hat so rasch keinen anderen mehr gekriegt, sagte Sam. Der, der mitfahren sollte, ist gestern von einer Kutsche überfahren worden. Ein anderer war nicht aufzutreiben. Er hatte nur die Wahl zwischen einem, der hinkt, seit Jahren seinen Beruf nicht mehr ausübt, und diesem hier. Da dieser zwar versoffen, Katholik und unverheiratet ist, der andere aber außerdem noch als Quacksalber galt, hat er sich für den Verrückten entschieden.«

»Und warum ist er verrückt?«

»Ach, ich weiß nicht, ich glaube, da gibt's eine ganze Menge von Gründen. Er kam hier zum Beispiel an mit einer zusammengeflickten Katze und war dann der Meinung, er müsse sie mitnehmen, weil sie in Liverpool niemanden hat. Erst als sie deinem Vater fast das Gesicht zerkratzte, war er dazu zu bewegen, sie zurückzulassen.«

»Wann war das denn?«

»Schon vor vier Tagen, als er zum ersten Mal hier an Bord war.«

»Am Ende fährt deine Mutter mit«, sagte Francis, als mein Vater nach einer Weile nervös von der geräumten Kabine in das Magazin und wieder an Deck ging. Die Vorstellung, meine Mutter hier auf der *Mary Anne* zu sehen, ließ mich vor Lachen den Bauch halten. »Meine Mutter würde nicht mal den Fuß auf den Mersey River setzen.«

»Aber wer dann sonst?« fragte Francis hartnäckig weiter. »Ich komme einfach nicht darauf.«

»Eine hochgestellte Persönlichkeit des Königshauses«, flüsterte uns John zu, der gerade vorbeiging.

Wir warfen ihm einen der Äpfel nach, die soeben in großen Körben an Deck gebracht wurden.

Den verrückten Doktor bekamen wir nicht mehr zu sehen, weil er erst spät am Abend an Bord kam. Fast hätten wir ihn gar nicht zu sehen bekommen, weil mein Vater ihn offenbar am liebsten gleich wieder nach Hause geschickt hätte.

»Ich nehme an, die Gründe meines Zuspätkommens sollten Sie vielleicht doch interessieren«, war die tiefe Stimme des Doktors am anderen Morgen aus der Kajüte meines Vaters zu hören.

»Mich interessieren keine Gründe, wenn jemand mitten in der Nacht ankommt«, sagte mein Vater kalt.

»Es war elf Uhr, Sir, und Sie werden sie trotzdem hören«, sagte der Doktor in einem Ton, der Francis und mich fast die Messingputzpaste fallen ließ, mit der wir gerade den Kompaß putzten. »Es ging nämlich um einen Ihrer Sklaven, den Sie vor vier Wochen aus Afrika mitgebracht und an den Hafenwirt verkauft haben. Er lahmte plötzlich, und weil sein Herr glaubte, er drücke sich vor der Arbeit, ist er davongelaufen. Irgendwer hatte sich dann die ausgesetzte Prämie verdienen wollen und brachte ihn zurück. Dumm war nur, daß er auch jetzt noch nicht arbeiten konnte, denn er war bereits auf dem Schiff lahmgeschlagen worden. Striemen hatte er auch überall.«

»Ich liefere keine Sklaven mit Striemen!« schrie mein Vater.

»Nein, Sir, im allgemeinen nicht. Ihre Ware ist als koscher bekannt. Kein Wunder, wenn Sie Ihre Neger in den letzten acht Tagen wie rohe Eier behandeln, damit der Verkaufspreis ja nicht fällt.«

Mir verschlug es die Sprache. Noch nie in meinem ganzen Leben hatte ich auch nur irgend jemanden in diesem Ton mit meinem Vater reden hören. Und noch nie in meinem ganzen Leben hatte ich erlebt, daß sich mein Vater dies bieten ließ.

Aber der verrückte Doktor war nicht die einzige Überraschung, die es an diesem Tag, dem Tage der Abfahrt, gab. Der Passagier, der nur kurze Zeit später an Bord kam, war zwar nicht eine hochgestellte Persönlichkeit des Königshauses, aber immerhin die Tochter des Reeders, dem dieses Schiff gehörte. Kitty Robinson. Wir erfuhren es erst kurz vorher, und da wir immer noch mit Messingputzen beschäftigt waren, hatten wir die beste aller Chancen, alles mitzubekommen.

»Auf einem Sklavenschiff eine Lady?« sagte Francis kopfschüttelnd, »warum nimmt sie kein anderes Schiff?«

Die Mutmaßungen, weshalb Kitty kein anderes Schiff nahm als gerade die *Mary Anne*, gingen von der Vorstellung, sie sei in einen unserer Offiziere verliebt, bis zu der absurden Idee, sie wolle ausreißen.

»Ausreißen? Ihr seid verrückt!« sagte John und tippte sich an die Stirn, »wißt ihr überhaupt, wie sie aussieht?«

»Du wirst es uns sicher gleich sagen«, meinte Francis, »falls du es überhaupt weißt.«

John rollte verliebt die Augen. »Habt ihr schon mal einen Pfau sein Rad schlagen sehen?«

»So bunt?« tippte Francis.

»Nein, so schön«, sagte John und lief weiter.

Weshalb John die Augen verdreht hatte, erfuhren wir zwei Stunden später. Ich hätte sie sicher auch verdreht, wenn ich das nur halb so gut gekonnt hätte wie er. So aber starrte ich nur über die Reling hinunter und beobachtete, wie Kitty Robinson die Gangway heraufkletterte. Sie hielt den Rock mit der einen

Hand dicht zusammen, das Täschchen baumelte an ihrem Handgelenk, und auf ihrem Kopfe wippte in nervösem Rhythmus eine Straußenfeder. Zwischendrin blieb sie einmal stehen und schaute ungeduldig nach ihrer Zofe, die weit weniger gewandt heraufstieg.

Ich glaube, ich werde nie vergessen, wie Kitty Robinson unser Schiff verwandelte. Von dem Augenblick an, als sie das Hauptdeck betrat, waren wir alle anders. Ich hätte nicht einmal genau sagen können, wie anders, es waren sicher auch nur Kleinigkeiten, die ein Außenstehender vielleicht gar nicht bemerkt hätte, aber mir fielen sie auf. Francis zum Beispiel rieb an seinen Messingknöpfen plötzlich mit einer Heftigkeit, als wolle er sie noch in diesem Augenblick zu Gold umwandeln. Oder Harry, der gerade das Deck trocken schwabberte. Er bewegte sich mit einer Geschwindigkeit, als gäbe es nicht nur dieses, sondern gleich fünf weitere Decks zu schrubben. John ließ sich noch größere Kisten auf die Schultern heben, so daß er kaum mehr unter seiner Last hervorgucken konnte. Und meine Hände begannen zu schwitzen, obwohl es an diesem Tage nicht gerade sehr heiß war.

Kitty Robinson jedoch nahm ganz offenbar von all unseren Bemühungen um ihre Person nicht die geringste Kenntnis.

Sie blickte sich suchend im Kreise um, und da mein Vater sie vermutlich nicht so früh erwartet hatte und, hastig seine obersten Knöpfe zumachend, von der Poop herunterkam, blieb ihr Blick an Dr. Bryan hängen, der, lässig an den Fockmast gelehnt, amüsiert zu ihr hinüberschaute. Wenn ich später an diesen Augenblick zurückdachte, meine ich, es müßte bereits hier geschehen sein. Ich meine das, von dem später eigentlich nie ganz klar wurde, was es eigentlich war – Liebe, Haß, irgend etwas dazwischen, oder beides zugleich. Ich sah nur, wie Kittys Blick an Mr. Bryan hängenblieb, zu seinem Whiskyglas herunterglitt und schließlich angewidert abfiel.

»Ist mein Papagei schon untergebracht?« fragte sie dann in die Runde, ohne jemanden Bestimmten zu meinen. Vielleicht sagte sie es auch zu Mr. Bryan, von dem sie sicher nicht annahm, daß das der Schiffsarzt sei. Vielleicht hielt sie ihn für einen der Händler, die uns belieferten, oder für Gott weiß was. Aber es ist auch durchaus möglich, daß sie keinerlei Gedanken an ihn verschwendete und sich lediglich über das Whiskyglas ärgerte.

Auf die Frage nach dem Papagei kamen gleich zwei Antworten. Die eine stammte von meinem Vater, und sie war in die Begrüßungsrede verpackt. Kitty Robinson hörte sich alles an, bemerkte dabei mit einem kurzen Seitenblick, daß Mr. Bryan mit seinem Glas den Fockmast verlassen hatte und dem Niedergang zustrebte, dann wandte sie sich wieder meinem Vater zu. Aber die Art, in der sie das tat, in der sie zuhörte, gefiel mir nicht. Ich glaube, sie gefiel niemandem. »Wie wenn ihr das ganze Schiff gehören würde!« sagte der 2. Maat, als er zu uns in die Kombüse kam.

»Es gehört ihr ja auch«, gab Sam zurück und teilte die einzelnen Portionen auf die Teller.

»Ihrem Vater, nicht ihr«, verbesserte der 2. Maat.

»Das spielt keine Rolle«, sagte Sam.

»Wenn das so weitergeht!« sagte der Zahlmeister, der dazukam.

Sam nahm eine Brennschere, die er über dem Feuer liegen hatte, und reichte sie John. »Es geht so weiter, aber wir können nichts dagegen tun.«

John blickte verblüfft auf die rotglühende Schere. »Was ist denn das?«

»Um Wellen in deine Nase hineinzudrehen«, rief Sam gereizt. »Bring ihr das, sonst wird es kalt und nützt nichts mehr.«

»Wie oft braucht man denn so was am Tag?« wollte Francis wissen, als John sich wie mit einem Degen durch uns hindurchgearbeitet hatte.

»Sooft ein Mannsbild vorbeigeht und die Augen verdreht«, sagte Sam grob, »und das wird nicht zum letzten Mal sein auf dieser Reise. Und ich nehme an, das wird nicht alles sein. Sicher wird sie uns auch sonst noch auf dem Magen liegen!«

Sam behielt recht. Bereits während des Abendessens gab es die nächste Verstimmung. Und natürlich hätte ich vorweg sagen können, daß Mr. Bryan es war, mit dem Kitty Robinson zusammenstoßen würde, obwohl sie zunächst noch gar nicht im Salon war, als ich den Tisch deckte.

»Inzwischen haben sie 20000 Berichte zusammen«, sagte der Doktor gerade, als ich die Servietten auf dem Tisch verteilte. »Neulich fuhr er bis in die Mündung des Nigers hinauf, um nach einem einzigen Mann zu suchen, der mit auf einer Sklavenjagd dabei war.«

»Und? Hat er ihn gefunden?« wollte der 1. Maat wissen.

»Auf dem 307. Schiff«, gab Mr. Bryan zurück.

»Falls Sie mal wieder über Mr. Clarkson, den Heiligen von Clapham, diskutieren, meine Herren«, sagte mein Vater, als er dazukam, »so täten Sie gut daran, Ihre Augen offenzuhalten. Neuerdings schreckt er auch nicht davor zurück, seine Spione gleich auf den Schiffen mitzuschicken, damit spart er sich dann die Suche nach den Augenzeugen.«

»Ich habe noch nichts davon gehört«, sagte der 3. Maat.

»Na ja, mir soll nur keiner über den Weg laufen«, sagte mein Vater, »ich würde ihn schon aus zehn Metern entlarven. Und er könnte sicher sein, daß er bei mir hängen dürfte. Am Bugspriet wie die Neger.«

Mr. Hudson, der Steward, trug die Schüsseln auf den Tisch und löste damit die peinliche Stille, die auf den Satz meines Vaters gefolgt war.

»Ich möchte wissen, wovon wir denn leben sollten«, sagte der 3. Maat eifrig, und mit einem beifallheischenden Blick zu meinem Vater, »wenn nicht vom Sklavenhandel? Sie, ich, wir alle sind davon abhängig.«

Mr. Bryan drehte sich um und schaute zum Bullauge hinaus, mein Vater trommelte nervös auf den Tisch, als er sah, daß ich die Servietten verkehrt gefaltet hatte. »Sie haben keine Seele«, sagte er dann plötzlich abrupt, »warum sollte man sie nicht als Ware verkaufen?« Der Zahlmeister trat ein und nickte heftig, obwohl er kaum den Sinn des Gesprächs mitbekommen haben konnte. »Zwei Fässer Rum und fünf Kopftücher sind schon zuviel für sie, ich verstehe gar nicht, wie man dafür auch noch Musketen und Messer hergeben soll.«

Mr. Bryan drehte sich heftig um, aber ich war froh, daß es zu keiner Erwiderung kam, da just in diesem Augenblick Kitty Robinson den Raum betrat. Und wieder geschah die gleiche Verwandlung wie am Nachmittag, als sie die Gangway betreten hatte. Es war, wie wenn jemand auf einen Knopf gedrückt oder wie wenn ein Marionettenspieler auf ein bestimmtes Signal hin seine Puppen in Gang gesetzt hätte. Mein Vater griff nach den Hemdmanschetten, der 1. Maat strich sich mit einer geübten Bewegung die Haare aus dem Gesicht, und der 3. Maat begann linkisch zu lächeln, während er einen Stuhl für Kitty Robinson zurechtrückte, obwohl vollkommen unklar war, ob sie auch da sitzen wollte. Ich glaube, außer Dr. Bryan, der noch immer mit verärgertem Gesicht am Bullauge stand, veränderten sich wirklich alle. Einschließlich Mr. Hudson, der die Suppenterrine so heftig auf den Tisch setzte, daß mein Vater mißbilligend die Brauen hob, bevor er zu Tisch bat.

Das nächste, was folgte, war Konversation, die mein Vater ganz vollendet beherrschte. Das Gespräch floß vom Wetter über ein neu errichtetes Kaffeehaus in unserer Stadt zu den letzten Theateraufführungen und wieder zurück zum Wetter.

»Das letzte Mal, als wir abfuhren, war es zwar genauso trüb, aber immerhin war es da Hochsommer«, sagte mein Vater schließlich und legte seinen Löffel neben den Teller.

»Sie hatten ja auch die Middle-Passage bei der vorigen Fahrt um genau 11 Tage unterboten«, sagte der 3. Maat anerkennend, »41 statt 52 Tage, bei Gott, wo habe ich das sonst schon gehört!«

Mein Vater blickte geschmeichelt in die Runde. »Na ja, je kürzer, desto besser, und die Kälte hatte natürlich auch etwas für sich.«

Kitty blickte erstaunt hoch. »Man riecht die Ladung nicht so sehr«, bemühte sich der 2. Maat zu erklären.

»Die Ladung? Welche Ladung denn? Ich weiß zwar nicht, was Sie jetzt geladen haben, aber ich wußte nicht, daß sie riecht.«

Zwei der Männer unterdrückten ein Lachen und sahen auf ihren Teller.

»Es ist nicht von jetzt die Rede, Ma'am«, sagte mein Vater höflich,« »wir meinten die berüchtigte Middle-Passage, wenn die Sklaven an Bord sind. Jetzt haben wir nur Perlen, billige Stoffe, Messer und sonstigen Tand an Bord.«

Kitty blickte fragend in die Runde, ich versuchte so langsam wie nur möglich die Suppenteller abzuräumen, weil ich die Fortsetzung unbedingt noch mitbekommen wollte.

Mr. Bryan faltete seine Serviette sorgfältig zusammen und wischte sich damit den Mund. »Es dürfte Ihnen doch wohl nicht entgangen sein, daß Sie auf einem Sklavenschiff fahren, Ma'am«, sagte er dann, dabei zu ihr hinüberblinzelnd. Kitty blickte ihn einen Augenblick an, dann schob sie ihren Teller zurück. »Solange ich auf dem Schiff bin, ist es keines«, sagte sie kurz, »ich gehe in Bonny von Bord.«

»Sehr klug«, sagte Mr. Bryan befriedigt.

Ich bin überzeugt, daß die andern das gleiche dachten, nur hätte es natürlich niemand auszusprechen gewagt.

Kitty lächelte ihn freundlich an. »Wie meinen Sie das?«

Mr. Bryan reichte mir seinen Teller. »Nicht anders, als ich es sagte«, gab er zurück, »ich meinte, daß einer weißen Lady der Gestank von 500 Negern unmöglich angenehm sein kann.«

Ich nahm meinen Stapel von Tellern, ging damit in die Kombüse und ließ mir von Sam die Fleischplatte geben. Fast wäre ich damit die Treppe hinaufgeflogen, weil ich so rasch wie möglich wieder zu der Kabine zurückkommen wollte. Aber offenbar war inzwischen nichts weiter geschehen, als daß Mr. Hudson die Gläser neu füllte. Und doch hatte ich das Gefühl, daß es nur eines winzigen Funkens bedürfe, um eine Explosion auszulösen. Zwei weitere Gänge lang lief alles gut, dann kam der Funken. Mr. Hudson füllte das Glas des Doktors, offenbar zum zweiten Mal, Dr. Bryan hob es an den Mund und setzte es dann ab. Wer genau hinsah, konnte sehen, daß seine Hand dabei zitterte. Kitty Robinson sah offenbar genau hin.

»Haben Sie eigentlich auch einen Schiffsarzt an Bord?« fragte sie beiläufig.

Mein Vater stutzte. »Entschuldigen Sie, Ma'am«, sagte er dann irritiert, »ich dachte, ich hätte Ihnen Dr. Bryan längst vorgestellt.«

Kitty Robinson sah freundlich zu dem Doktor hinüber. »Entschuldigen Sie meinerseits«, sagte sie dann mit einem Lächeln und reichte ihm die Fleischplatte, »ich hatte Sie ganz offensichtlich mit dem Zahlmeister verwechselt.«

Dr. Bryan stellte die Platte vor sich ab, nahm die Fleischgabel und legte sich langsam ein Stück Fleisch auf den Teller. Dabei starrte er Kitty interessiert an, denn auch mir war klar, daß dies nicht alles sein konnte.

»Dann sind Sie ja auch Chirurg«, fuhr Kitty freundlich fort.

Niemand gab eine Antwort, auch Mr. Bryan nicht.

Kitty widmete sich wieder ihrem Gemüse. »Mein Großvater hat mir einmal erzählt, daß er das auch sehr gerne geworden wäre, aber er hatte leider nicht die ruhigen Hände, die dazu nötig sind.«

Mir stockte der Atem, der Rücken meines Vaters wurde steif. »Ich bin überzeugt, daß Dr. Bryans Hände ruhig genug sein werden, wenn wir sie brauchen sollten«, sagte er dann mit Nachdruck.

Kitty nickte befriedigt. »Da bin ich auch überzeugt«, sagte sie und schob einen Hühnerknochen an den Rand ihres Tellers, »mein Vater sagte mir nämlich schon oft, wie sorgfältig Sie Ihre Mannschaft aussuchen, denn davon hängt ja das Wohl Ihres ganzen Schiffes ab, nicht wahr?«

Ich weiß nicht, was die einzelnen dachten nach dieser Rede, ich glaube nur, jeder versuchte, sein Gesicht im Zaum zu halten. Jeder – bis auf Mr. Bryan, der aussah, als hätte er Kitty am liebsten gleich am Bugspriet aufgeknüpft.

Als wir nachher in der Kombüse zusammenstanden, wurde mir eigentlich erst so richtig klar, was geschehen war. Mr. Hudson wischte sich den Schweiß von der Stirn und stellte die Essensreste zusammen auf den Tisch. Sam grinste: »Heiß heute, was?«

Mr. Hudson blickte mich an und wandte sich schweigend zu der Tür.

»Das fängt ja gut an«, sagte Francis, als ich ihm von dem Gespräch berichtet hatte, »ich habe das Gefühl, daß da bald irgendwer wen umbringt!«

»Weißt du auch schon, wer wen?« lachte Sam und wischte sich die Hände an seiner Schürze ab.

»Ich verstehe einfach nicht, weshalb mein Vater ihn genommen hat«, sagte ich.

Sam begann den Herd zu schrubben. »Ich habe John doch erzählt, wie es dazu kam. Und im übrigen, mir gefällt der Doktor. Ich kenne welche, die operieren mit vier Bechern Whisky im Bauch besser als andere ohne. Und darauf kommt es an. Und wer seine Geschichte kennt, wird Verständnis für ihn haben.«

»Seine Geschichte?« fragte Francis, »was hat er denn für eine Geschichte?«

»Die wirst du sicher noch früh genug erfahren«, gab Sam zurück, »zumindest gibt es in den Bierhäusern von Liverpool keinen, der sie nicht kennt.«

Francis schüttelte sich. »Unter seinem Messer zu liegen!«

»Du wirst es dir nicht aussuchen können, mein Sohn, beim ersten Kaper, dem wir begegnen, kann das schon passieren!«

Francis und ich räumten die Küche miteinander auf. Wir unterhielten uns noch eine Weile, dann stiegen wir in unsere Kojen. Aber ich konnte nicht einschlafen. Ich weiß nicht, woran es lag. Am Schaukeln des Schiffes oder daran, daß ich nicht gewohnt war, mit anderen zusammen zu schlafen, oder am Klatschen des Wassers, das an die Bordwand schlug. Ich schob das Kopfkissen auf die andere Seite, zog die Beine an und versuchte, mir darüber klar zu werden, ob ich gerne hier war. Ob es das war, was ich mir vorgestellt hatte, was ich mir gewünscht hatte, auch wenn ich genaugenommen dazu gezwungen worden war. Ich versuchte an zu Hause zu denken, an meine Mutter, an meine blinde Tante Fanny, die bei uns wohnte. Und an jenen Abend, an dem zum ersten Mal die Idee auftauchte, ich solle zur See fahren.

Ich weiß noch genau, es war ein trüber Novemberabend, ein Tag, an dem man bereits am Morgen weiß, daß man die Lampe gleich gar nicht auszumachen braucht. Ich lag in meinem Bett, genau wie jetzt, nur mit dem einen Unterschied, daß es erheblich breiter war und mitnichten so schaukelte. Die Tür stand wie immer einen Spalt offen, und ich hörte das Klappern der Stricknadeln, mit denen meine Mutter eine Weste für mich strickte. Ich fühlte mich geborgen bei diesem Stricknadelgeklapper und bei dem Pfeifenrauch, der spärlich zu mir hereinzog.

»Er wird mit mir zur See fahren«, sagte mein Vater plötzlich, als ich schon halb am Einschlafen war, »und es sollte mit dem Teufel zugehen, wenn es mir nicht gelänge, aus diesem Schwächling endlich einen Mann zu machen!«

Zunächst geschah nichts, das Geklapper ging weiter, eine ganze Weile sogar.

»Warum sagst du nichts?« fragte mein Vater schließlich, und an dem gereizten Unterton konnte ich erkennen, daß eines jener Gefechte bevorstand, die für meinen Vater meist mit einem Patt endeten. Und er wußte dies vorweg.

»Ich überlegte nur, ob dies das Wichtigste im Leben ist«, sagte meine Mutter endlich.

»Was?«

»Ein Mann zu werden.«

Offenbar war mein Vater so verblüfft, daß ihm die Pfeife ausging. Eine ganze Weile hörte ich nämlich nichts als ein ärgerliches Ziehen und dann ein Klopfen.

»Er muß ja nicht unbedingt mit mir zur See fahren, er kann genausogut auf ein Kriegsschiff.«

»Siehst du da einen Unterschied?«

»Nun, zumindest habe ich noch niemanden erlebt, der es geschafft hat, unter königlicher Flagge zu dienen und dabei ein Feigling zu bleiben.«

»Und du bist sicher, daß er es für wichtig hält, unter königlicher Flagge zu dienen?«

Ich bin sicher, daß meinem Vater die Pfeife ein zweites Mal ausging, diesmal klang sein Klopfen schon um etliches wütender. Und natürlich war es angesichts der Tatsache, daß der Vater meines Großvaters, mein Großvater und mein Vater früher auf einem Kriegsschiff gedient hatten, verwegen, überhaupt eine solche Frage zu stellen. Und selbstverständlich beschwor mein Vater schon im nächsten Augenblick seine ganze Ahnengalerie herauf – er verstieg sich sogar noch zu zwei Großonkeln, von deren Existenz ich bis dahin noch nie etwas gehört hatte. Das letzte, was mir aus seinem Wortschwall blieb, war die Frage an meine Mutter, ob sie glaube, daß je einer all dieser Ahnen seinen Sohn gefragt hätte, ob er es denn auch wollte. Das Geklapper der Stricknadeln hörte für einen Augenblick auf, aber ich bin sicher, daß meiner Mutter keine Masche heruntergefallen war, sondern daß sie nur ihre Worte auch mit den entsprechenden Gesten begleiten wollte. »Wäre es dann nicht eine Möglichkeit für dich, daß einer der Matthews endlich damit einen Anfang macht?« fragte sie sanft.

»Was für einen Anfang?«

»Den Sohn zu fragen, ob er diesen Beruf auch ergreifen will?«

»Soll er etwa Pfarrer werden wie dein Vater?« fragte mein Vater wütend.

Meine Mutter lachte. Ich glaube, sie war überhaupt die einzige in der Familie, die das wagte. Sie tat es zwar nicht oft, aber wenn sie es tat, dann tat sie es so wie jetzt.

Ich weiß nicht, wie das Gespräch weiterging, denn mein Vater hatte inzwischen die offenstehende Tür entdeckt und sie mit einem verärgerten: »Da siehst du ja, wie weit es mit seiner Verweichlichung bereits ist!« zugedrückt. Nun war die offenstehende Tür gewiß keine Verweichlichung, sondern ganz einfach eine Gewohnheit, auch wenn sie von jenem Kindheitserlebnis herrührte. Aber um ihm und seiner Vorstellung, die er von mir hatte, gerecht zu werden, muß ich doch vielleicht noch etwas erzählen, was in der Vergangenheit lag. Eigentlich war es etwas, das ich mich fast scheue zu erzählen, weil ich annehme, daß ich mich dabei wirklich wie ein kleiner Junge benommen habe. Es war etwas, was sich mit schöner Regelmäßigkeit alle paar Monate ereignete, nämlich jedesmal dann, wenn mein Vater oder Ben ein Huhn schlachteten. Meist war es Ben, der dieses Huhn dann, wenn er den Kopf abgeschlagen hatte, wieder laufen ließ. So lange, bis sein Flügelflattern endlich aufhörte und es zusammenbrach. Ich glaube, ich bin immer weggelaufen, bevor das Huhn stürzte. In den letzten Jahren zwar nicht weinend wie als Kind, aber die Tatsache bleibt, daß ich weglief. Und zwar als einziger von uns allen. Selbst Carol und Betty blieben dabei, vor allem, weil sie uns Jungen beweisen wollten, wie mutig sie waren und was sie alles vertrugen. Ich weiß noch, wie sich mein Vater darüber ärgerte, und ich konnte ihm nicht einmal sagen, was ich dabei empfand. Daß ich immer das Huhn war oder die Maus, die von der Katze verfolgt wurde, oder der Hase, den der Bussard schlug. Ich schaffte es nie, ich selbst zu bleiben wie meine Geschwister. Ich war immer das Opfer.

Und so war es fast verständlich, daß mein Vater es endlich satt hatte, überall zu hören, wie sensibel und für den Matrosenberuf gänzlich ungeeignet ich sei, den doch alle Matthews ausgeübt hatten. »Ich werde ihm meinen Stempel aufdrücken, den Stempel der Matthews«, hatte er einmal im Zorn gesagt, »er wird hart sein, aber er wird die Ehre der Matthews hochhalten.«

Davon träumte ich übrigens in dieser ersten Nacht, als ich endlich eingeschlafen war. Von einem glühenden Stempel mit den Buchstaben H. M., den Initialen meines Vaters. Ich wachte schweißüberstömt auf, und außerdem war mir übel. Ich ging an Deck und mußte mich über die Reling lehnen. Wie ein geprügelter Hund schlich ich mich wieder nach unten und hoffte nur, daß niemand etwas von meiner Schmach erfuhr. Seekrank zu werden war wohl genau der richtige Anfang für meine geplante Mannwerdung, und ich konnte mir vorstellen, was mein Vater sagen würde, wenn er davon erfuhr.

Ich war übrigens nicht der einzige, dem es schlecht wurde. Kittys Zofe ereilte das gleiche Schicksal, und da Kitty Robinson offenbar nicht selber die Brennscheren in die Kombüse tragen wollte, durften wir sie von da ab nur noch in reduziertem Zustand genießen. Meine Verfassung besserte sich übrigens rasch, so daß ich darum herumkam, meinem Vater etwas sagen zu müssen. Ich fürchte, er hätte ohnehin kaum ein Ohr für solche Dinge gehabt, denn die ersten Tage auf einer Fahrt sind immer die schwierigsten. Zwar waren es bei uns nur fünf Leute von insgesamt 73, die durch Preßgänge an Bord gebracht worden waren, aber sie genügten, um die Disziplin nach unten zu drücken.

»Der mich betrunken gemacht hat und mich hat unterschreiben lassen, dem haue ich die Zähne einzeln aus«, sagte William, einer der fünf, »wenn ich ihn erwische, wird er nicht mal mehr Zeit haben, sein Testament zu machen.«

Aber natürlich erwischte er ihn nicht. Von den Matrosen, die dabeigewesen waren, sagte keiner ein Wort. Und meistens vergaßen diese »Landleute«, wie sie hießen, auch eines Tages ihren Grimm, und manche begannen sogar Freude am Seeleben zu empfinden. Einige waren natürlich auch dabei, von denen wir nicht wußten, woher sie kamen. Mein Vater tat sich zwar etwas darauf zugute, jeden Zuchthäusler zu erkennen, aber es gab auch welche, die in seinen Augen ebenso schlimm waren – Spieler, Desperados, Scharlatane, denen die Werber nur einige Seephrasen eingebleut hatten und die hinterher nicht einmal einen Fockmast von einem Kreuzmast unterscheiden konnten. »Dann müssen sie es eben lernen«, pflegte mein Vater zu sagen, wenn sich irgendeiner seiner Offiziere darüber zu beklagen wagte.

Zu lernen gab's auch für mich eine ganze Menge. Ich glaube, ich brauchte drei Tage, bis ich mich nur auf den einzelnen Decks zurechtfand. Bis ich wußte, daß das Poopdeck das oberste Deck war, auf dem mein Vater seinen Astrolab und seinen Kompaß bediente. Daß darauf das Halbdeck folgte, darunter das Hauptdeck, und daß es dann auf der anderen Seite wieder hinaufging auf die Back. Irgendwo unten lag das Zwischendeck, das uns jetzt als Lagerraum diente, und auf dem ab Bonny die Sklaven liegen sollten. Als ich zum ersten Mal hinunterstieg, um etwas zu holen, dachte ich zunächst, ich hätte das Deck verwechselt und es müßte noch ein anderes dasein. »Da kann doch gar niemand stehen«, sagte ich zu Sam, als ich mit einer Kiste Zwieback zurückkam.

»Stehen soll ja auch niemand«, sagte Sam und öffnete die Kiste. »Hast du Ratten gesehen?« fragte er, als er bemerkte, daß die unterste Latte durchgefressen war.

»Ratten? Nein. Aber warum braucht niemand zu stehen?«

»Weil's zum Liegen reicht, für 500.«

»Für 500?« fragte ich entsetzt.

»Kennst du den Löffelkasten deiner Mutter?«

Ich nickte.

»Dann mußt du dir auch vorstellen können, daß 500 hineingehen. So liegen sie nämlich drin, wie die Löffel, einer in den anderen eingepaßt.«

Nach solchen Reden – und es gab eine ganze Reihe davon – bekam ich Angst. Angst vor Bonny, Angst vor den Sklaven, Angst vor den Zielen meines Vaters. Ich wußte ganz genau, was er wollte. Zu oft hatte er davon gesprochen, als daß ich es hätte vergessen können. Ein Stadthaus am Williamson's Square, da, wo die früheren Seekapitäne sich alle zur Ruhe setzten. Unter anderem auch Kittys Vater. »Nur noch diese eine Fahrt«, war eine seiner ständigen Redewendungen, »dann haben wir's geschafft.« Aber offenbar klappte es doch immer noch nicht ganz, und so wohnten wir weiterhin in der Nähe einer Brauerei, und an heißen Sommertagen drang der süßliche Malzgeruch durch all unsere Räume.

Zu meiner Angst kam bald noch etwas – eine leichte Enttäuschung, daß das Bordleben doch ein wenig anders als erwartet verlief. Unser Tag begann bereits bei Sonnenaufgang mit dem Feuermachen in der Kombüse. Meist rauchte dabei der Herd so stark, daß man kaum mehr etwas sah, weil wir ganz offenbar in Liverpool grünes Holz geladen hatten. Unten im dunklen Vorratsraum wog Mr. Hudson inzwischen die Brotrationen ab, ein Pfund pro Tag und Mann. Ich hatte den Tisch im Salon für das Frühstück zu decken, das nach der Morgenandacht stattfand. Sie war ausführlich, diese Andacht, zumindest auf dem Schiff meines Vaters, der diesen täglichen Gottesdienst äußerst ernst nahm. Zunächst – nachdem die Signalgasten die Flagge hochgezogen hatten – wurde ein Korb mit Gesangbüchern und Bibeln an Deck gebracht. Sie reichten für alle, aber natürlich gab es stets Matrosen, die weder lesen noch schreiben konnten. Bei meinem Vater ging dies allerdings nicht durch, wehe, er entdeckte einen seiner Leute beim Singen der Psalmen mit geschlossenem Mund – wer nicht lesen konnte, hatte den Text auswendig zu lernen. Die Gebete wurden von den Offizieren in Englisch gesprochen, nicht in Latein. Zweimal in der Woche gab es einen zusätzlichen Gottesdienst, bei dem meist Abschnitte aus der Bibel gelesen wurden, die sich auf unsere Reise bezogen.

Nach dem Frühstück wurden die Decks mit Sandseife und Meerwasser geschrubbt, bis sie in der Sonne glänzten. Der Küfer, der Zimmermann und der Segelmacher begaben sich an ihre Arbeit – Segel gab es ständig auszubessern, und der Küfer hatte sich um die Fässer zu kümmern, die nach Ansicht Sams immer undicht waren. Außer dem Deck wurden auch die Waffen fast täglich gereinigt. Mein Vater war nicht gerade zimperlich mit der neunschwänzigen Katze, wenn es irgendwo auch nur eine winzige Stelle Rost an einem Zapfen zu entdecken gab.

Die Zeit dazwischen wurde mit Segelmanövern ausgefüllt. Mein Vater jagte die Matrosen in die Wanten, seine Kommandos klangen über das ganze Schiff, und wenn endlich zum Mittagessen gepfiffen wurde, gab es niemanden, der nicht schweißnaß war.

Daß das Essen nicht sehr abwechslungsreich sein konnte, war verständlich. Böse Zungen behaupteten, es gebe montags Pökelfleisch mit Bohnen, dienstags Bohnen mit Pökelfleisch, mittwochs Pökelfleisch mit Bohnen usw. Ganz so schlimm war es zwar nicht, aber außer den Tagen, an denen wir vielleicht eine Schildkröte fingen, die Sam zu einer Suppe verarbeitete, oder freitags, wenn es immer Fisch gab, war es wirklich eine langweilige Kost, die wir bekamen. Der Nachmittag verlief nicht viel anders als der Vormittag. Die Matrosen lernten jeden Windhauch zu nutzen und nicht aus den Fußpferden zu fallen bei ihrer Arbeit an den Rahen, der Zimmermann war meist an irgendeiner Stelle des Schiffes am Kalfatern und Abdichten, Lecks mußten gestopft werden, was nicht gerade einfach war, wenn sie außenbords waren und unter der Wasserlinie lagen. Handelte es sich um größere Lecks, die nicht gleich gestopft werden konnten, dann standen zwei Mann Tag und Nacht an den Pumpen. Für Francis und mich bedeutete der

Nachmittag fast immer Ordnung machen – im Lagerraum, im Pulverraum, bei den Lampen, im Schweinestall, bei den Hühnern.

Sam war nie verlegen, wenn es galt, sich eine Arbeit für uns auszudenken.

Erst bei Sonnenuntergang war der Tag für die meisten von uns schließlich beendet. Nachdem der Befehl zum Herablassen der Hängematten gegeben wurde, blieb wenig anderes zu tun, als zu schlafen – offenes Licht war für die Matrosen auf dem Backdeck strengstens verboten. Und im Schein der Stag- und Hecklaternen, die dann aufgehängt wurden, ließ sich ohnehin schlecht lesen. Die Wachen für die Nacht zogen auf, die Geräusche des Tages verblaßten. Nur das Werfen des Logs war vielleicht zu hören und das Kratzen des Griffels, wenn die Wache die Segelgeschwindigkeit auf der Logtafel eintrug.

In den Freiwachen allerdings war es gemütlich. Mr. Hudson saß dann meist mit seinem Zeichenblock auf der Flaggenkiste, Francis und ich beschäftigten uns mit Angeln, Sam und der Zimmermann führten religiöse Gespräche, die jedoch meist mit einem Streit endeten, weil beide nicht der gleichen Konfession angehörten, und Dr. Bryan las lateinische Klassiker – für uns alle die unverständlichste Freizeitbeschäftigung.

Seine Geschichte erfuhr ich übrigens schon nach acht Tagen. Natürlich nicht von ihm. Er hatte sie nur Mr. Hudson erzählt, der sie niemandem erzählte, und dem 3. Maat, der sie allen erzählte. Es war nach dem Abendessen, und der Küfer, der Zahlmeister und der 3. Maat standen bei dem Rudergänger, als Sam und ich dazukamen.

»Das ist verdammt die tollste Geschichte, die ich je gehört habe«, sagte der 3. Maat gerade, »wenn das der Käpt'n erfährt, wirft er ihn noch vor Bonny raus.«

»Wen?« fragte Sam.

»Na, unseren Doktor mit seiner wilden Vergangenheit.«

»Der Käpt'n kennt die Geschichte, und er wirft ihn nicht über Bord«, antwortete Sam.

»Ein überzeugter Anglikaner behält einen Mann an Bord, dessen Religion erst seit zwei Jahren überhaupt in unserem Lande gesetzlich geduldet ist, der nie öffentliche Ämter bekleiden wird, vom Parlament einmal gar nicht zu reden? Einen verkrachten Priester«, sagte der 3. Maat ungläubig, »wollen Sie das wirklich sagen?«

»Ob Sie Ihren Blinddarm von einem Anglikaner oder einem abgebrochenen Priester herausoperiert bekommen, dürfte unwichtig sein«, sagte Sam. »Wichtig ist nur, daß er überhaupt herauskommt. Und ich kenne niemanden, der mir je erzählt hat, daß ihm Dr. Bryan statt dessen die Gallenblase herausgeschnitten hat, weil er einer anderen Kirche angehört als die meisten von uns hier an Bord.«

»Aber er war Priester, oder fast Priester«, sagte der 3. Maat hartnäckig, »für uns sind die Taufe und das Abendmahl die einzigen Sakramente. Und an was glaubt er? An Fegfeuer, Ablaß, Heilige, und außerdem liest er die Bibel ganz anders als wir.«

»Von hinten wohl auch nicht«, sagte Sam spöttisch, »und von unten nach oben auch nicht, oder?«

»Aber dieser religiöse Wirrwarr in seiner Familie. Die Mutter Calvinistin, der Vater Anglikaner. Er selbst auch Anglikaner, dann übergetreten zum katholischen Glauben. Einen puritanischen Urgroßvater und eine Urgroßmutter, die im Elsaß als Hexe verbrannt worden ist.«

»Na und, färbt das etwa ab?« fragte Sam. »Sind wir nicht längst über diese Zeit hinweg?«

»Hinweg?« rief der 3. Maat heftig. »Wißt ihr etwa nicht, was draußen in der Welt geschieht? Der Aberglaube lebt doch immer noch unter uns!«

»Das ist eure Sache, aber der Doktor ist unsere Sache, und ich bin der Meinung, daß es keinem etwas nützt, wenn man so seinen Ruf mit Geschichten untergräbt, die der Vergangenheit angehören.«

Der 3. Maat wandte sich verärgert ab, die anderen schwiegen. Sam zog seine Pfeife aus der Tasche und begann sie zu stopfen, von achtern klang das Fallen des Lots. »Er wollte als Arzt neu anfangen, weil er sich als Priester nicht genügte«, sagte er nach einer Weile, »aber als er merkte, daß er als Arzt genausowenig erreichte wie als Priester, als die Leute noch weniger auf ihn hörten, fing er zu saufen an. Er hat übrigens in Cambridge studiert und galt als einer der begabtesten Studenten.«

Hinten in den Schweineställen quiekte ein Schwein, der Zahlmeister klatschte nach einer Fliege auf seiner Wange. Sam gähnte. »Wir sollten schlafen gehen«, sagte der Küfer, »morgen werden wir vielleicht schon Lissabon sehen.«

Ich schlenderte dem Niedergang zu, und ich weiß nicht, weshalb, aber als ich kurze Zeit später in meiner Koje lag, mußte ich plötzlich an meine blinde Tante Fanny denken. Und an das, was ich ihr versprochen hatte. Nämlich eine Geschichte, eine echte Geschichte. Schon seit meiner frühesten Kindheit hatte ich mir Geschichten für sie ausgedacht. Genaugenommen war es das einzige, was ich wirklich konnte während meiner Schulzeit, denn für anderes hatte ich nie viel übrig. Allerdings waren meine Geschichten fast nie die Geschichten, die Tante Fanny eigentlich hören wollte.

»Weißt du, mein Junge, deine Geschichten sind mir zu nüchtern«, sagte sie dann oft lächelnd, »zu meiner Zeit beschrieb man, wie die jungen Männer im passenden Alter junge Mädchen im passenden Alter kennenlernten, man schrieb romantische Geschichten, verstehst du? Bring mir eine Geschichte von deiner Reise mit, eine romantische Geschichte!«

»Aber bei uns an Bord gibt es keine Frauen«, hatte ich zu erklären versucht.

»Ach was, Frauen gibt's immer an Bord, da mußt du nur die Zeitungen lesen. Erst neulich habe ich wieder davon gehört, daß sich ein junges Mädchen auf einem Kriegsschiff eingeschmuggelt hatte.«

»Wir fahren kein Kriegsschiff, Tante Fanny, und mein Vater würde sie mit einem Rettungsboot von Bord jagen.«

An dieser Stelle hatte Tante Fanny gelacht. »Dein Vater hat deine Mutter auch nicht von Bord gejagt, als sie auf seinem Schiff für die Armen gesammelt und dann das Signal überhört hatte.«

»Meine Mutter«, hatte ich verblüfft gefragt, »davon habe ich noch nie etwas gehört!«

»Das ist auch nicht wichtig. Aber meine Geschichte, hörst du, die ist mir wichtig.«

Und so lag ich jetzt da und überlegte mir eine Geschichte. Daß sie wahr sein sollte, komplizierte die Sache. Und überhaupt hatte ich bis jetzt nur die Zutaten – nämlich die Personen, die Handlung fehlte. Und bei den Menschen war es unklar, wie ich sie zusammenbringen sollte. Ich hatte genau eine Frau – wenn ich von der Zofe absah, die ohnehin ihre Tage bei Zwieback und Tee in der Kabine verbrachte. Eine Frau und 73 Männer. Davon schieden 64 aus, weil sie Matrosen waren, und von den neun Offizieren vier, weil sie verheiratet waren. Also blieben noch fünf – es war übrigens klar, daß ich mich mit zu diesen Fünfen rechnete, auch wenn ich bis jetzt nur der Gehilfe von Mr. Hudson war. Schließlich hatte ich ein nicht zu übersehendes Plus – ich war der Sohn des Kapitäns.

Und so spielte ich mit meinen fünf Figuren. Den 3. Maat sortierte ich wegen Speichelleckerei aus, und ich hoffte, Kitty würde mit mir einer Meinung sein. Der Zahlmeister war klein und unansehnlich und hatte außerdem von irgendeinem Mädchen erzählt, also machte ich ihn zum Verlobten. Blieben also Dr. Bryan und ich. Die Figur des Doktors auszuschließen, gelang mir nicht sofort, eigentlich gelang es mir gar nicht, auch wenn ihn Kitty Robinson offenbar nicht mochte. Sie drängte sich immer wieder dazwischen. Wenn ich gerade versuchte, mich ins rechte Licht zu rücken, dann hörte ich ihre spöttische Stimme: »Und das Alter, Sir?« Naja, ich mußte zugeben, der Altersunterschied war ein wenig hinderlich, aber gab es nicht auch Frauen, die jüngere Männer bevorzugten? Und für den Fall, daß Kitty Robinson vielleicht 19 oder 20 war, wie ich vermutete, und der Doktor etwa Anfang 30, war hier auch ein ganz schön großes Gefälle.

Aber während ich noch mit meinen Figuren rang, wurde mir auch klar, daß die besten Figuren nichts nützten, wenn sie keine Story abgaben. Und so suchte ich nach einer Story. Nicht nur an jenem Abend in meiner Koje, sondern auch die Tage darauf. Und ich war bereit, ein wenig nachzuhelfen, falls sie sich nicht von selber ergeben sollte. Übrigens fühlte ich plötzlich, daß meines Vaters Idee von der Mannbarmachung wenigstens in diesem Sinne auch mal etwas für sich hatte.

Die Story, die sich nur fünf Tage später als Bindeglied – und zwar ohne nachzuhelfen – zwischen Kitty und mir anbot, war der Papagei. Aber ich glaube, ich muß vorweg sagen, daß sie nicht ganz so verlief, wie ich mir das gedacht hatte. Vielleicht wäre ich auch gar nicht so wild darauf gewesen, gerade dieses Ereignis zur Story werden zu lassen, wenn inzwischen nicht bekanntgeworden wäre, daß Kitty in Bonny das Schiff verlassen und nach der Insel São Tomé weiterfahren würde. Zu einer erkrankten Tante, die dort wohnte. Jedermann wußte inzwischen auch, daß sie nur deshalb die *Mary Anne* genommen hatte, weil dies das erste Schiff war, das gerade ausfuhr. Es war also Kittys Papagei, dem ich das erste Dankeschön seiner Herrin verdankte. Kittys Papagei Cora, der bereits seit Beginn der Fahrt das Schiff genauso tyrannisierte wie seine Herrin, war ständig an irgendwelchen Orten, an denen er eigentlich nicht zu sein hatte. Mal fand er sich in Mr. Bryans Cockpit ein, wo er mit Hingabe einen Packen Leinwand zerrupfte, ein andermal landete er fast in Sams Suppentopf, weil jemand die Tür nicht rasch genug schloß, als er draußen vorbeiflog. Und einmal kreischte er laut schreiend: »Werft ihn ins Meer, er taugt nichts!« über unsere Köpfe hinweg, als wir gerade beim Mittagessen saßen, so daß mein Vater mit zornrotem Gesicht aufsprang.

»Vielleicht könnten Sie doch ein wenig besser auf ihn aufpassen, Ma'am«, sagte er unbeherrscht.

Kitty zog erstaunt die Augenbrauen hoch, so daß mein Vater sich hastig wieder hinsetzte, während Mr. Bryan grinste.

»Einmal wird er ihr noch wegfliegen, wenn sie nicht besser aufpaßt«, sagte der 1. Maat, als Kitty den Raum verlassen hatte, »einmal wird es zu spät sein.«

Und das war es dann auch fast, schon am folgenden Tag. Der Papagei, der es bisher nie bis auf's Deck geschafft hatte, weil er vorher immer wieder eingefangen worden war, befand sich plötzlich auf dem äußersten Teil des Schiffes, dem Sprietmast, also weit draußen über dem Wasser. Kitty stand bleich und händeringend davor und redete ihm gut zu. Aber der Papagei schrie nur sein wütendes »Werft ihn ins Wasser« zu uns herüber und verfing sich dabei noch weiter in der Takelage. Außer den Wachen befand sich im Augenblick niemand an Deck, und da ich just in diesem Augenblick mit dem Essen aus der Kombüse kam, war es eigentlich fast selbstverständlich, daß ich für Cora am Bugspriet entlanghangelte, mich mit einem kühnen Schwung nach oben warf und dabei mit einem Seitenblick das wütende Gesicht meines Vaters entdeckte, den die Wachen offenbar alarmiert hatten. Ehe ich mit Cora zurück war, die mich zu allem Überfluß auch noch in den Finger biß, war mein Vater bereits die Back heruntergestiegen, und seine Ohrfeigen klatschten nur so auf mich herab. Der einzige Trost war, daß Kitty Robinson sich hastig umdrehte und mit ihrem Papagei auf dem Arm verschwand.

»Wegen diesem abscheulichen Vieh das Leben zu riskieren, bist du verrückt?«

Ich brachte mal wieder keine Antwort heraus, nicht einmal die einfachste. Vermutlich auch, weil ich geglaubt hatte, meine Rettungsaktion würde anderes auslösen als Ohrfeigen. Hätte ich für Tante Fanny die Geschichte abgewandelt, so hätte ich natürlich Küsse statt Ohrfeigen gewählt. Aber selbst Kitty bedachte mich später am Abend nur mit einem kurzen Nicken des Kopfes und einem hingehauchten »Dankeschön«. Und ich konnte mir zehnmal sagen, daß sie nicht mehr wagte wegen meines Vaters, die Ohrfeigen schmerzten doch. Zunächst hatte ich also einmal genug vom künstlichen Zusammenbasteln von Stories, die unter Umständen Tante Fanny dann doch wieder zu blutarm sein würden. Und es tut mir leid, schon jetzt sagen zu müssen, daß es auf dem ersten Teil unserer Reise zwar noch einige Chancen für eine Geschichte gab, daß sie jedoch alle aus irgendeinem Grunde unbrauchbar waren.

Da war zum Beispiel die Sache mit dem Hai, der eines Nachmittags als silberner Schatten im Kielwasser der *Mary Anne* auftauchte und dann das Schiff umkreiste. Offenbar wurde er von den Abfällen angelockt, die Sam gerade ins Wasser warf. Er hatte eine Länge von etwa drei bis vier Meter, und seine dreieckige Rückenflosse erschien bald links, bald rechts des Schiffes.

»Sag dem Quartermeister Bescheid, er soll Harpunen und Gewehre bringen«, befahl mein Vater einem der Matrosen, während er das Tier beobachtete, »ich glaube, unsere Pfannen haben schon lange kein Haifischfleisch mehr gesehen.«

Als der Kanonier mit den Gewehren zurückkam, war der Fisch verschwunden. Wir suchten backbord und steuerbord, aber der Schatten tauchte nicht mehr auf.

»Wird sich wohl anderen Jagdgründen zugewandt haben«, sagte der Quartermeister und stützte sich auf die Harpune. Mein Vater war auf die Poop zurückgegangen, als John aufgeregt von der Back herunterschrie: »Da ist er wieder!« Alle liefen nach vorne, der Harpunier machte die Harpunen bereit zum Abwurf. Aber erst beim zweiten Auftauchen des Fisches gelang ihm ein Treffer. Das Eisen fraß sich von oben in den Körper des Hais, das Blut spritzte über Wasser und unter Wasser, aber das schien das Tier nicht weiter zu stören. Es schlug mit der Schwanzflosse, warf seinen Körper aus dem Wasser und begann mit der Harpune im Leib weiter seine Kreise zu ziehen. »Wenn er hochkommt, pump ihn voll Blei!« sagte der Kanonier. »Wenn er kommt«, sagte der Quartermeister und legte an. Ich glaube, es dauerte fast eine halbe Stunde, bis der Fisch endlich etwas ermattet schien und sich in einem wütenden Aufbäumen aus dem Wasser warf. Die geballte Ladung ließ das Blut erneut spritzen, aber noch immer hatten wir das Gefühl, daß er dem Leben näher sei als dem Tod.

»Hievt ihn hoch!« rief mein Vater, der inzwischen dazugekommen war, »sonst befreit er sich noch von der Harpune.«

Die Männer zogen gemeinsam an der Eisenkette, und der Hai bewegte sich langsam nach oben. Sam, der unterdessen sein langes Messer gewetzt hatte, drängte die Matrosen zurück, die sich inzwischen einstellten. Auch Kitty Robinson stand dabei, doch sie hielt sich im Hintergrund. Sam versuchte jetzt, eine Schlinge um die Schwanzflosse des Hais zu werfen, aber auch dies gelang erst beim zweiten Versuch. »Ein Heringshai«, sagte mein Vater, als das Tier endlich über Bord gehievt worden war und, noch immer heftig um sich schlagend, auf dem Hauptdeck lag.

»Bleiben Sie um Himmels willen weg«, sagte Sam beschwörend, als Kitty sich neugierig näher drängte, »ein Hai ist erst dann tot, wenn er in der Pfanne schmort!«

Inzwischen hatte einer der Matrosen eine Axt geholt und versucht, dem Tier den Kopf abzutrennen.

»Sie kennen die Geschichten nicht, die in Seemannskreisen kursieren, Ma'am«, sagte der 2. Maat, als Kitty zweifelnd auf die breiten Kiefer des Tieres starrte, die sich langsam auf und ab bewegten. »Ein Walfänger hat mir mal erzählt, sie hätten ausgeweidete Haie wieder ins Wasser geworfen, und sie seien sofort auf die am Schiff vertäuten Wale zugeschwommen, um an ihnen zu knabbern.«

»Und der bereits abgeschnittene Kopf hat schon einmal einem Matrosen einen Finger abgebissen«, sagte ein anderer.

Nun, was diesen Hai betraf, so tat er dies alles nicht. Aber als Sam mit dem Messer in seinen Rücken stach, zuckte er mit der Schwanzflosse so heftig, daß John, der daneben stand, mit einem Schmerzenslaut zur Seite sprang und beim Fallen Kitty Robinson den Ärmel ihres Kleides mit seinem Messer aufschnitt. Das heißt, zunächst sah es so aus, als sei es nur der Ärmel, den er getroffen hatte, aber als der Stoff sich rings um die Schnittstelle rot zu färben begann und Kitty Robinson bleich wurde, stand fest, daß wohl etwas mehr passiert sein mußte.

Die erste Vorstellung von Dr. Bryans Kunst, die wir an dieser Stelle bekamen, erschien mir übrigens nicht ganz so überwältigend, wie Sam sie immer schilderte. Das einzige, was er zu Kitty unten im Cockpit zu sagen wußte, war der Satz: »Nun haben Sie ja endlich den Gesprächsstoff, den Sie vermutlich für Ihre nachmittägliche Teestunde suchten.«

Ich war daneben im Vorratsraum und richtete gerade die Portionen für das Abendessen. Und ich konnte nur den Kopf schütteln, wie dieses Gespräch weiterging. »Aber nein, meine Liebe, es war ein ausgewachsener Heringshai, und er erwischte mich haargenau neben der Schlagader. Sie werden auf die Schreckensrufe Ihrer Freundinnen mit einem hingehauchten

›So was passiert nun eben mal‹ antworten, wie das überhaupt geschehen konnte. Und ich bin überzeugt, es wurmt Sie, daß es nur der Stoß eines Schiffsjungen war, der Sie zu Fall brachte, und nicht der Hai selber.«

Ich wunderte mich, daß keine Reaktion auf dieses Geplänkel erfolgte, das der Doktor sicher für witzig hielt. Vielleicht wollte er Kitty auch ablenken. Und ich wurde erst wieder aufmerksam, als ich seine Schritte vor meiner Tür hörte.

»Besorg mir ein Glas Whisky«, sagte er mürrisch, und mit einem Seitenblick konnte ich sehen, daß ihm Kitty vor die Füße gekippt war.

»Läppisches Weibsvolk«, murmelte er vor sich hin, während ich den Gang entlang eilte, »nicht mal die kleinste Schramme halten sie aus.« Die restliche Behandlung ging schweigend vonstatten, nachdem der Doktor Kitty den Whisky aufgedrängt hatte und ihre Blässe langsam verschwand. Als sie anschließend vom 3. Maat in ihre Kabine gebracht worden war, reinigte der Doktor wütend seine Instrumente. »Weibsleute!« murmelte er und warf die blutige Watte heftig in einen Eimer. »Die eine liegt drei Wochen in der Koje und kommt von ihrem Hirschhornsalz nicht mehr los, und die andere kippt beim ersten Blutstropfen auf die Planken. Verstehst du das?«

Ich hätte ihm natürlich sagen können, ich verstehe es oder glaube es zu verstehen – aber was hätte das schon genutzt? Sollte ich ihm etwa die Hühnergeschichte aus meiner Kindheit auftischen?

Ich vermied es übrigens während der nächsten Tage, an Tante Fannys Geschichte weiterzubasteln. Ich sagte mir ganz einfach, daß ich abends zu müde sei, um an so etwas noch zu denken. Und natürlich war ich das auch, denn es war der anstrengendste Teil unserer Reise, den wir jetzt erlebten. Und er begann, als der Ausguck morgens sein »Segel in Lee« zu uns herunterrief. Wir waren bisher wenigen Schiffen begegnet, und mein Vater schien auch nicht unbedingt versessen darauf zu sein. Jetzt aber, nur wenige Tage von der Küste Afrikas entfernt, wurde das offenbar anders. Und im übrigen hing es mit etwas zusammen, über das ich bisher noch nicht berichtet habe. Mein Vater war nämlich nicht nur der Kapitän eines Sklavenschiffes, sondern er besaß zugleich auch Kaperbriefe. Das heißt, er durfte feindliche Kauffahrerschiffe, mit denen wir zusammentrafen, als Kaper nehmen. Meist floß nicht viel Blut dabei, da die Schiffe selten gut bewaffnet waren und die Gefangenen zuvorkommend behandelt wurden. Ihre Verpflegung war die gleiche wie für die Mannschaft, und am Zielort wurden sie einfach entlassen – ohne Schiff und ohne Ladung, versteht sich.

An diesem Morgen nun schien es endlich soweit zu sein – mein Vater setzte den Kieker ans Auge und nickte dann befriedigt.

»Eine Korvette«, sagte er und reichte dem 1. Maat das Glas.

»Fährt aber ganz schön schnell«, sagte der 2. Maat nach einer Weile, »kaum langsamer als wir.«

»Hat aber weniger Karronaden«, stellte mein Vater fest und gab den Befehl, alle Segel zu setzen.

Ich glaube, wenn die ganze Reise nur aus diesem einen Manöver bestanden hätte, das wir in den nächsten Tagen durchführten, wäre ich zu dem Eindruck gelangt, mein Vater sei kein guter Kapitän – denn wir fingen die Korvette nicht.

Wir erfuhren ihren Namen und wußten, daß es ein Franzose war, aber das war auch alles. Wir jagten das Schiff vier Tage und drei Nächte, dann endlich gab mein Vater auf. Zähneknirschend und seinen Ärger nicht verbergend.

»Wir hätten sie kriegen müssen«, sagte er beim Abendessen, als wir wieder Kurs auf Bonny genommen hatten, »sie war nicht schneller als wir.«

»Sie war wendiger«, sagte der 1. Maat, »und vielleicht noch jünger.«

»Was sind schon elf Jahre für ein Schiff«, rief mein Vater aufgebracht, »die *Mary Anne* läuft noch gut ihre zwölf Knoten.«

»Beim Halsen war die andere besser«, wagte der 2. Maat einzuwenden.

»Beim Halsen ja«, gab mein Vater widerwillig zu, »aber schließlich bestand das ganze Manöver nicht nur aus Halsen.«

»Die Mannschaft hatte mich schon gefragt, wieviel für sie dabei abfiele«, sagte der Zahlmeister lachend.

»Denen hat wohl der Vorschuß in Liverpool wieder nicht gereicht«, sagte der 3. Maat mißbilligend, »am liebsten hätten sie die Bierhäuser noch mit aufs Schiff genommen.«

»Wenn wir erst in Bonny sind, wird's auch nicht anders sein«, sagte der Zahlmeister.

»In Bonny ist nicht viel los, ja, wenn's São Tomé wäre«, sagte der 1. Maat und schaute zu Kitty Robinson hinüber.

»Ich war noch nie dort«, sagte Kitty achselzuckend, »ich kann Ihnen nicht sagen, wie's da aussieht.«

»Prachtvolle Straßen soll's da geben, in denen reiche Kaufleute wohnen, aus Portugal, aus Frankreich, aus Genua.«

Mr. Bryan schaute auf. »Straßen, in denen der gelbe Tod lauert.«

»Aber doch nicht gerade jetzt«, sagte mein Vater, als er sah, daß Kitty verärgert hochblickte.

»Ich habe Afrika noch nie ohne ihn gesehen, bei keiner Fahrt.«

»Wir bleiben ja nicht lange. Ich nehme an, daß für mich schon Nachricht vorliegt, an wen ich mich wenden soll, bis zum Oktober möchte ich wieder in Liverpool sein.«

Ich glaube, an diesem Punkt wurde mir klar, wie rasch mir die Fäden meiner Geschichte aus der Hand glitten, wenn nicht noch irgend etwas geschah. Aber mir wurde auch klar, daß ich nichts dazu tun konnte. Ich spürte nur auch die Spannung, die in der Luft lag und die Sam als Gewitterstimmung bezeichnete.

»Ich mache drei Kreuze, wenn wir erst in Bonny sind«, sagte er am Abend nach diesem Gespräch, »diese Weiber machen mich noch ganz verrückt. Seit die eine wieder auf den Beinen ist und nicht mehr dauernd Zwieback knabbert, will die andere wieder ihre Brennschere haben. Meine Güte, war das Leben einfach, als wir noch unter uns waren!«

»Das werden wir ja bald wieder sein«, beruhigte ihn der Zimmermann, »noch ein paar Tage und wir sind sie bestimmt los.«

»Der Himmel möge es fügen«, stöhnte Sam, »und hoffentlich kommt nichts dazwischen, daß sie am Ende noch bleibt.«

Aber ich glaube kaum, daß Kitty auch nur einen Gedanken daran verschwendete, einen Tag länger als nötig auf diesem Schiff zu bleiben. Sie ließ ihre Kisten schon zwei Tage bevor wir hoffen durften, in Bonny zu sein, packen. Bei schönem Wetter saß sie jetzt mit ihrer Zofe, die sich endlich erholt hatte, auf Deck und stickte an einer Tischdecke. Wenn mein Vater nicht auf der Poop war, nutzte sie den Schatten seines Sonnendachs, das von einer Schiffsseite zur anderen lief.

Am letzten Nachmittag – unserer Berechnung nach mußten wir Bonny am anderen Morgen erreichen – kam Mr. Bryan dazu. Es war eine Situation wie vor Wochen – er hielt sein Whiskyglas in der Hand und schaute amüsiert zu Kitty hinüber, die ihre Stickarbeit vor sich liegen hatte. Die Zofe las in der Bibel, Francis und ich saßen beim Angeln, während Mr. Hudson wie immer malte.

Sam sagte hinterher, der Doktor sei bereits in der Kombüse angetrunken gewesen. John erzählte, er habe im Cockpit vor sich hin geflucht, daß man es bis in den Pulverraum hören konnte, und der Zimmermann, der Calvinist war, meinte nur, die Strafe Gottes werde ihn mit Gewißheit noch vor Ende dieser Reise treffen. Wenn es nach ihm ginge, hätte er die neunschwänzige Katze schon öfter als einmal verdient, aber da es der Doktor sei, stehe er ja außerhalb aller Gesetze.

»Ich hoffe, Sie waren mit meinen bescheidenen Künsten zufrieden, Ma'am«, sagte Mr. Bryan höflich, sich mit einem Ellenbogen lässig auf die Reling stützend. »Und falls Sie mich mal wieder brauchen sollten, wenden Sie sich vertrauensvoll an einen der zahlreichen Wirte in Liverpools Bierhäusern, und Sie werden stets erfahren, wo ich zu finden bin.«

Die Zofe sah ängstlich zu ihm empor, Kitty stickte unbeirrt weiter.

Der Doktor nahm einen Schluck aus seinem Glas und sagte dann beiläufig: »Wie oft gehen Sie eigentlich in die Kirche, Ma'am? Einmal in der Woche, einmal am Tag, oder zweimal, dreimal?«

Francis ließ vor Schreck den Fisch, den er gerade von der Angel lösen wollte, wieder ins Wasser fallen, Mr. Hudson betrachtete ihn aufmerksam.

Die Zofe begann nervös mit den Augen zu zwinkern, Kitty sah hoch.

Der Doktor stellte sein Glas in eines der Gangspillöcher und lehnte sich jetzt mit beiden Ellenbogen an die Reling. »Ich wette, Sie gehen einmal pro Tag und einmal am Sonntag. Dann aber morgens nicht allzufrüh, damit sie nichts von Ihrem Schlaf abziehen müssen, aber auch nicht zu spät, damit es die Vorbereitungen für das Mittagessen nicht stört!«

Kitty sagte noch immer nichts, obwohl die Zofe sie beschwörend anschaute und sich langsam erhob, um aufzustehen.

»Bleib sitzen«, sagte ihre Herrin ruhig.

»Aber nicht doch, Ma'am«, wehrte der Doktor ab, »vielleicht ist es Zeit für die Brennschere, und ich würde ungern in den letzten Tagen unseres Zusammenseins auf Ihre köstliche Lokkenpracht verzichten.«

Kitty hatte inzwischen ihre Handarbeit sorgfältig zusammengelegt, der Doktor ließ sich auf einer Taurolle nieder. »Was sagen Sie eigentlich so zu Ihrem Gott, Ihrem anglikanischen nehme ich an, wenn Sie in der Kirche sind? Was erzählen Sie ihm, um was bitten Sie ihn? Hätten Sie den Mut, mir das zu sagen?«

»Wenn ich heute zu ihm ginge, würde ich ihn bitten, mich von Leuten Ihrer Art zu befreien.«

»Für jetzt zu befreien oder für immer?«

»Macht das einen Unterschied?«

»Ich glaube schon, meine Liebe. Für jetzt würde es bedeuten, daß Sie mich im Augenblick unausstehlich finden, für immer würde bedeuten, daß Sie die Menschheit für alle Zeiten gern von diesem Ekel befreit hätten. Das aber, meine Liebe, müßte Schuldgefühle in Ihnen auslösen, denn es würde heißen, daß Sie die Menschen nicht lieben. Nicht alle Menschen lieben, auch Menschen wie mich, verstehen Sie? Sie müßten jedoch, um vor sich selber bestehen zu können, mich auch mit zehn oder zwanzig Bechern Whisky lieben – auch wenn ich zugebe, daß dies vermutlich eine ganz schöne Anforderung an Ihre Seelengröße wäre, von der Sie doch sicher überzeugt sind, oder etwa nicht?«

Kitty starrte ihn an wie ein vorsintflutliches Tier, das sich in unsere Welt verirrt hat.

Der Doktor lachte und nahm sein Glas wieder an sich. »Ich weiß, was Sie jetzt denken – daß ich verrückt bin, daß ich betrunken bin, und vor allem, daß Sie niemand zwingt, sich das überhaupt alles anzuhören – was bis zu einem gewissen Grad ja auch stimmt. Aber eben nur bis zu einem gewissen Grad.«

»Und weshalb?«

»Weil nie zuvor jemand gewagt hat, Ihnen die Wahrheit über sich selbst zu sagen, und weil es auch nach mir keiner mehr tun wird. Keiner mehr – oder kennen Sie Leute, die Ihnen schon jemals Unangenehmes gesagt haben?«

»Es hat mich noch nie jemand gefragt, wie oft ich in die Kirche gehe.«

»Es wird Sie auch noch nie jemand gefragt haben, ob es Ihnen oder sonst irgendwem Nutzen bringt, oder?«

Kitty starrte ihn weiter an, ich glaube, inzwischen dachte sie wirklich, er sei übergeschnappt.

»Nun, bringt es das?«

»Wie meinen Sie das?«

»Schauen Sie, wenn Sie morgens in der Küche stehen und sich überlegen, was Sie zum Mittagessen kochen wollen, dann machen Sie doch einen Plan. Anschließend gehen Sie vielleicht mit Ihrer Köchin zum Markt, und dann kaufen Sie, was Sie sich ausgedacht haben. Das stimmt doch alles bis dahin, nicht?«

Kitty nickte stumm, die Zofe schlich von dannen, ohne diesmal aufgehalten zu werden. Ich hatte das Gefühl, daß sie gleich wieder ihren von Ratten angeknabberten Zwieback nötig haben würde.

»Sehen Sie, Sie haben also einen Plan, und den führen Sie aus. Und nun meine Frage«, der Doktor ging in die Hocke, so daß er jetzt dicht vor Kitty saß, »was führen Sie aus von dem, was Sie da morgens mit Ihrem anglikanischen Gott in der Kirche besprochen haben?«

Hätten wir nicht hinter der Reling gesessen, so wäre Francis in diesem Augenblick todsicher ins Wasser gefallen, weil just in dieser Sekunde ein starker Fisch anbiß. So verlor er nur die Angel.

Kitty löste ihren Blick von Dr. Bryan und wollte aufstehen.

»Aber meine Liebe, Sie dürfen nicht aufstehen, jetzt ganz bestimmt nicht. Sie verschenken die Chance Ihres Lebens, in die tiefsten Tiefen Ihrer Seele hinabzusteigen. Laufen Sie nicht weg und hören Sie sich an, was Ihnen ein ehemaliger Gottesmann zu sagen hat.«

»Ein Gottesmann«, sagte Kitty steif, »ich glaube eher, Sie sind ein Mann des Teufels.«

»Das dürfen Sie nicht sagen, Gnädigste, falls Sie mich nicht wieder in den Abgrund stürzen wollen, in dem ich schon einmal war. Sie kennen doch meine Geschichte, oder, kennen Sie meine Geschichte etwa nicht? Ich bin überzeugt, jeder hier«, er schaute in die Runde, »kennt meine Geschichte, und jeder ist bereit, dies zu bezeugen, nicht wahr«, er machte einen schwankenden Schritt auf Mr. Hudson zu, »Sie zeugen für mich?«

Mr. Hudson legte den Pinsel rasch zur Seite und stand auf. Er nahm Mr. Bryan am Arm und sagte so, daß wir es alle hören konnten: »Ja, ich zeuge für Sie!« Bis wir aus unserer Erstarrung erwachten, hatte er den Doktor bereits zum Niedergang geführt.

Das war die letzte Begegnung zwischen Mr. Bryan und Kitty, ehe wir Bonny erreichten, und der Leser wird verstehen, daß sie für eine von Tante Fanny gewünschte Geschichte absolut unbrauchbar war.

Wir erreichten den Hafen spät am Abend, fast in der Nacht. Wir sahen die Lichter der Stadt zum Greifen nah vor uns liegen, und manch einer wäre am liebsten sofort in die Boote gestiegen und hinübergerudert. Etwas anderes sahen wir auch noch, etwas, das Francis und mir unendliche Angst einjagte – alte, halb zerfallene Schiffe, die wie Gespensterschiffe im Hafenbecken schaukelten. Das eine mit einer verwaschenen Inschrift und einer halb zerfetzten Galionsfigur hatte nur noch einen Mast, obwohl es doch einst ein sehr stattlicher Schoner gewesen sein mußte. Das andere hing mit dem Heck so tief im Wasser, als wolle es gleich versinken.

»Alte Sklavenschiffe«, erklärte Sam, als ich ihn danach fragte. Mich schauderte, weil ich mir vorstellte, daß auch die *Mary Anne* eines Tages solch ein Wrack sein könnte.

»Zwanzig Jahre hält sie schon noch«, sagte Sam lächelnd, wie wenn er meine Gedanken erraten hätte, und klopfte mit den Knöcheln auf das Holz der Reling, »und was mit uns dann ist, das wissen wir auch nicht.«

Ich nickte. Zwanzig Jahre. Mr. Bryan würde bis dahin vom Whisky zerstört sein, mein Vater würde seine Zuckerplantage haben, und ich würde vielleicht ein Schiff führen. Nur Kitty konnte ich mir nicht älter vorstellen. Es gelang mir einfach nicht, ihr Doppelkinn und dicke Hüften anzudichten, und als ich sie am andern Morgen in aller Frühe von Bord gehen sah, mit ihrem smaragdgrünen Samtkleid, dem roten Hut mit der wippenden Feder darauf, schien es mir, als müsse sie immer jung bleiben. Und wenn auch alle anderen, bis auf John, ihrem Auszug keine Träne nachweinten, so konnte ich von mir nur sagen, daß ein Loch entstand. Ein riesengroßes Loch. Ich weiß nicht, warum, es war einfach so. Und ich haßte Mr. Bryan wieder einmal, der an der Luvreling stand, sich die Pfeife stopfte und nichts anderes zu sagen wußte als: »Zehntausend Sklaven weniger, und es wäre vielleicht ein Mensch aus ihr geworden.«

Mr. Hudson, der mit seiner Staffelei bereits an Deck war, blickte hoch. »Ich glaube, es war nicht nur der Reichtum«, sagte er und tauchte den Pinsel vorsichtig in den Farbnapf, »sie hatte ja auch keine Mutter mehr, keine Geschwister und –«

»– und niemand, der sie für einen Tag mal in den Holzstall sperrte«, unterbrach Mr. Bryan grimmig, »sie hatte keinen, der ihr sagte, wann ein Ende ist mit dem Kindsein. Wenn man erwachsen werden und seine Kinderlaunen über Bord werfen muß.«

Mr. Hudson kaute auf dem Pinselstiel und starrte über das

Wasser. »Nein, das hatte sie nicht«, sagte er dann, während er eine glutrote Sonne aufs Papier zauberte, »aber ich verstehe auch nicht, weshalb es niemanden gab, der das alles nachgeholt hat bei ihr.«

Mr. Bryan stutzte.

»Was nachgeholt?«

»Das in den Holzstall sperren«, sagte er dann ruhig.

Mr. Bryan klopfte seine Pfeife wütend an der Reling aus. »Sie glauben doch wohl nicht, daß eine Kitty Robinson sich von jedem x-beliebigen in den Holzstall sperren ließe!«

Mr. Hudson schob das Bild etwas weg und betrachtete es kritisch. »Von jedem natürlich nicht«, sagte er lächelnd und schaute den Doktor an, »von jedem ganz sicher nicht.«

Mr. Bryan lachte höhnisch auf. »Sie lesen zu viele Romane«, sagte er dann kurz, »viel zu viele Romane.«

Mr. Hudson schüttelte den Kopf. »Nur die Bibel«, sagte er bescheiden, »aber da steht schon eine ganze Menge drin, um in die Herzen der Menschen zu sehen.«

Mr. Bryan zertrat den qualmenden Tabak, der aus der Pfeife auf die Planken gefallen war, mit dem Schuhabsatz. »Sie haben mich wohl noch nie mit zehn Gläsern Whisky gesehen, was?« sagte er dann heiser.

Mr. Hudson schüttelte den Kopf. »Ich habe Sie schon oft mit Whisky gesehen, aber ich habe nie die Gläser gezählt. Außerdem interessiert mich das nicht.«

»Sie nicht, aber andere Leute sehr wohl. Andere Leute sogar ungeheuer«, wiederholte er. »Andere Leute sehen überhaupt nur noch den Whisky, sie meinen, wenn ein Mann Whisky trinkt, dann besteht er von Kopf bis Fuß daraus, sie glauben, daß sonst überhaupt nichts anderes mehr in ihm ist. Sie machen sich auch dann gar nicht mehr die Mühe, nachzuschauen, wie weit das Zeug in einem reicht. Ob es bis zu den Knien geht, bis zu den Hüften oder bis zum Hals.«

»Und wie weit geht es bei Ihnen?« fragte Mr. Hudson.

»Noch lange nicht bis zum Hals«, gab Mr. Bryan leise zurück. »Noch lange nicht, da dürfen Sie versichert sein. Bis jetzt spiele ich nur mit mir, so wie die Katze mit der Maus. Ich kann ihr noch immer davonlaufen, wann ich will, und das ist noch lange nicht gefährlich.«

Mr. Hudson wiegte bedenklich den Kopf. »Vielleicht meint man das auch nur«, sagte er dann vorsichtig.

Ich verstand nicht mehr, was er sonst noch sagte, denn inzwischen wurde es auf Deck laut. Die ersten Landgänger kamen den Niedergang herauf, begutachteten sich gegenseitig, strichen hier noch eine Falte gerade und wischten dort noch eine Staubfussel weg. Da ich nicht zu denen gehörte, die gleich mit an Land durften, und meine Wache erst später begann, überlegte ich mir, was ich mit der vielen freien Zeit bis zu acht Glasen anfangen sollte.

»Du kannst das Messing putzen, den Kompaß vor allen Dingen, dich beim Seilmacher nützlich machen und den Tisch in der Kajüte einölen«, sagte mein Vater, als ich ihn danach fragte, »und im übrigen hoffe ich, daß ich Mr. Richardson gleich antreffe und wir unsere Geschäfte heute und morgen erledigen können. Ich möchte nicht einen Tag länger hierbleiben, als nötig ist. Das Gelbfieber ist nicht gerade das, was ich mir für mich und meine Mannschaft wünsche.«

Als das Gig meines Vaters und die übrigen Boote ausgeschwenkt waren, hatte ich das Gefühl, die *Mary Anne* würde mir gehören. Ich lief mit den Wachen mit, holte dann widerwillig das Messingputzzeug aus der Pantry, aber während ich den Kompaß putzte, waren meine Gedanken ständig mit anderen Dingen beschäftigt. Und ich weiß wirklich nicht, woran es lag, daß sie sich ständig im Kreis zu drehen begannen und stets an ihren Ausgangspunkt, nämlich Kitty Robinson, zurückkehrten. Gegen Mittag hielt ich es nicht mehr aus, auch wenn ich das Gefühl hatte, daß mein Vater der Meinung war, dieses Messing sei kein Messing, sondern nichts als ein stumpfes gelbes Metall. Ich schlenderte langsam zu den Mannschaftskabinen hinüber, öffnete die Türen und freute mich, wenn mich der Zustand der Räume ein wenig an daheim erinnerte – ganz ordentlich war es nirgends. Mal war es ein Schuh, der unter dem Tisch hervorsah, ein Hemd, das aus der Truhe hervorguckte, oder ein Kamm, der einträchtig mit einem Stück Zwieback und einem Socken in irgendeiner der Kojen lag. Ich stieg auf das Zwischendeck, stellte fest, daß Francis seine Hängematte nicht richtig in der Hülle verstaut hatte und daß es irgendwo nach frischen Zwiebeln roch, vermutlich beim Küfer, der ständig unter der Vorstellung litt, daß er Skorbut bekommen könnte und deswegen am liebsten alle Sachen roh gegessen hätte.

Erst als ich vor Kittys Tür stand, gestand ich mir ein, daß ich den ganzen Umweg nur gemacht hatte, um hier zu landen. Daß ich die ganze Zeit über gewußt hatte, daß ich nichts anderes wollte, als hierherzugehen. Ich war mir nicht einmal im klaren darüber, was ich eigentlich hier wollte, was ich erwartete von diesem Raum, den Kitty und ihre Zofe an diesem Morgen verlassen hatten. Vermutlich war es ein Raum wie jeder andere auch, nur daß es hier weder nach verschwitzten Socken roch wie bei John noch nach rohen Zwiebeln.

Ich stand eine ganze Weile an der Tür, bevor ich einen Schritt ins Zimmer wagte. Ich stand nur, versuchte festzustellen, wovon dieser intensive Geruch herrührte, der mich an meine Großmutter erinnerte. Es war ein Geruch, halb Nelken, halb Parfüm, und er füllte den ganzen Raum. Er machte ihn lebendig, so als seien seine Bewohner nicht für immer ausgezogen, sondern nur für einen Augenblick nach draußen gegangen. Die Sonne fiel auf den alten Globus, den mein Vater hatte hereinstellen lassen, und warf sein Messingmuster auf Kittys Bett. Als ich von oben Schritte hörte, trat ich ganz ins Zimmer und schloß die Tür hinter mir. Ich lehnte mich an die Wand und spürte, wie mein Herz schlug. Es schlug so, wie wenn ich als Kind beim Marmeladeschlecken erwischt worden war, und ich mochte mir auch zehnmal einreden, daß dies hier nicht das geringste mit dem Marmeladeschlecken von damals zu tun hatte, es schlug trotzdem. Erst als ich ein paar zögernde Schritte auf den alten Globus zu machte und mit dem Finger die lange Stange zu drehen begann, beruhigte es sich langsam. Ich stupste vorsichtig an die bunte Kugel, einmal, zweimal, und lauschte auf das Quietschen des ausgeleierten Gewindes. Ich machte es mindestens fünfmal, bevor ich mich endlich traute, zu Kittys Bett hinüberzuschauen, das ungemacht war. Das Federbett war zurückgeschlagen, das Kopfkissen zu einer Rolle gedreht, auf dem Laken war eine Kuhle zu sehen. Kittys Kuhle. Die Stelle, an der sie heute morgen noch gelegen hatte. Sie zog mich an wie mit tausend Fäden. Ich bin sicher, daß ich gar nicht hingehen wollte zu dieser Delle, daß ich überhaupt nichts tun wollte von dem, was ich in den nächsten Minuten tat – die Delle berühren, mit meinen Händen ihre Konturen austasten, niederknien und mein Gesicht ganz langsam auf sie herabsenken. Und den Duft atmen, der dem ganzen Bett entströmte. Genauer gesagt, wohl einem Taschentuch, das mit einer Ecke unter dem Kopfkissen hervorsah. Ich zog es vorsichtig an seiner Spitzenhäkelei hervor und preßte es an mein Gesicht.

Ich sah nichts mehr, ich hörte nichts mehr. Ich roch nur noch. Ich roch Düfte, die sicher gar nicht in diesem Tuch enthalten waren. Ich roch meine Kindheit, den Wäscheschrank meiner Großmutter, die Anisplätzchen meiner Mutter an Weihnachten, die getrockneten Rosenblätter, die Tante Fanny in einem kleinen Krug verwahrte. Irgendwo hatte ich einmal gelesen, daß im Augenblick des Todes in Blitzesschnelle das bisherige Leben abrollt. Bei mir geschah dies jetzt, auch ohne Todesnähe. Ich sah alles wieder, was bereits meilenweit zurücklag. Das Spitzenhäubchen meiner Großmutter, wie sie mein Bett frisch bezog, Mabel, unser Hausmädchen, wenn sie die Lavendelblüten im Herbst in kleine Musselinsäckchen füllte und zwischen die Leintücher legte, die Levkojen, die vor meinem Fenster blühten, und die Minzen, die auf langen Schnüren zum Trocknen auf den Speicher gehängt wurden.

All das roch ich in diesem Augenblick. Ich roch es so intensiv, daß ich nur deshalb später überhaupt begreifen konnte, warum ich das Öffnen der Tür überhörte. Daß ich gar nichts hörte, nicht einmal die Schritte. Wenigstens die hätte ich doch hören müssen, da sie ja nicht nur von einem Paar Füße stammten. Aber ich hörte auch sie nicht. Ich wachte erst auf, als jemand dicht hinter mir sagte: »Als Andachtsort doch wohl nicht ganz der richtige Platz, oder?«

Zunächst tat ich gar nichts auf diesen Satz hin. Ich lauschte nicht einmal der Stimme nach, weil es sie einfach nicht geben konnte in diesem Augenblick. Nicht geben durfte. Ich umklammerte das Taschentuch, ließ es instinktiv in meiner Hand verschwinden, obwohl es mir schien, als entströmten ihm jetzt alle Scheußlichkeiten der Erde. Die Welt, in der ich für einige Augenblicke gelebt hatte, entschwand. Zurück blieb ein Raum, der sich im gleichen Augenblick, als ich aufsprang, mit Stimmen füllte. Koffer wurden abgestellt, jemand fiel offenbar gerade draußen die Treppe herunter, eine Hutschachtel rollte ins Zimmer, und hinter mir krächzte es schauerlich: »Werft ihn ins Wasser, er taugt nichts, er taugt nichts, er taugt nichts!«

Als es neben mir leise zu glucksen begann, schien mir die Hölle vollkommen. Ich blickte hoch, starrte Kitty an, die sich bereits vor Lachen schüttelte, und wäre am liebsten durch eines der Bullaugen in dem grünschimmernden Wasser für immer verschwunden. Sie waren alle wieder da, Kitty in ihrem grünen Samtkleid und mit der bunten wippenden Feder auf dem Hut, Cora, und selbst der ihr ergebene John fehlte nicht, der sich gerade prustend den Staub vom Anzug klopfte. Offenbar war er es, der die Treppe heruntergefallen war. Ich starrte auf Cora, die bereits die Federn zu sträuben begann, als sie mich sah, und dann wieder auf Kitty, die sich jetzt aufatmend auf ihr Bett fallen ließ.

»Ich dachte, ich dachte, Sie seien bei Ihrer Tante«, brachte ich schließlich stotternd hervor. Kitty ließ den Käfig neben sich auf den Boden stellen. »Das Gelbfieber hat sie hinweggerafft, vor vier Wochen bereits«, sagte sie und wischte sich den Schweiß aus der Stirn.

»Das ist dann sicher sehr schlimm für Sie«, sagte ich zögernd, weil ich unsicher war, wie man sich verhielt, wenn gerade jemand gestorben war.

Kitty streifte die Handschuhe ab und warf sie auf den Tisch.

»Es war eine angeheiratete Tante, und eigentlich ging es mir mehr um die Reise. Ich kannte sie ohnehin kaum.«

»Und Miß Kate?«

»Sie löst den Haushalt auf, ihr schadet das Klima weniger als mir, hat der Doktor gesagt. Und für den Fall, daß das Fieber nochmals aufflammt, dann bekommt sie es und nicht ich. Sie hatte es schon einmal«, sagte sie hastig, als ich sie bestürzt anschaute. »Der Doktor hat gesagt, sie sei immun dagegen. Und außerdem hat mir dies alles unser Rechtsanwalt geraten«, fügte sie trotzig hinzu, »er war der Meinung, ich solle nichts riskieren.«

»Aber eine Lady auf einem Sklavenschiff«, sagte ich zweifelnd, »wie werden Sie das aushalten?«

»Wie alle anderen auch«, gab Kitty zur Antwort, und damit schien die Angelegenheit für sie beendet zu sein.

Was ich aushielt, erfuhr ich bereits an diesem Nachmittag, als ich mit meinem Vater zum Einkauf der Sklaven an Land fuhr.

»Hast du die Schatulle mit, die ich dir oben gegeben habe«, fragte er, als wir in sein Gig gestiegen waren und zum Ufer segelten.

Ich nickte und deutete hinter mich. Ich fragte nicht, was sie enthielt, da mein Vater ohnehin ein mißmutiges Gesicht machte. Der Länge der Schachtel nach konnten es Duellpistolen sein, aber ich konnte mir nicht recht vorstellen, was man damit in Bonny sollte. »Ging alles glatt heute morgen?« fragte ich, während mein Vater starr an seinen Holzsitz gelehnt saß und dem Bootsmann nur bisweilen seine Befehle zurief.

»Sie haben alle für mich gekauften Sklaven bereits vor fünf Tagen an einen französischen Supercargo verkauft, weil sie annahmen, wir kommen nicht mehr«, sagte er wütend, »als ob zwölf Tage Verspätung bei dieser Entfernung etwas ausmachten.«

Ich schwieg, weil ich ihn nicht an sein nutzloses Kapermanöver erinnern wollte, das uns wahrscheinlich in diese Situation gebracht hatte.

»Zweihundert ausgesuchte Sklaven und alle unter fünfundzwanzig!« Das Gig machte einen Schlenker, weil mein Vater sich wütend über die Seite beugte. »Zweihundert und alle unter fünfundzwanzig«, wiederholte er noch einmal, »bis ich die wieder zusammenhabe.«

»Und was machen wir jetzt?«

»Wir fahren an der Küste entlang wie die hergelaufenen Sklavenhändler, die keinerlei Verbindung haben. Wir gucken auf jedes Feuer, das sie an Land machen, um uns zu benachrichtigen, und fahren dann mit dem Boot hinüber, um die Ware in Empfang zu nehmen. Tag für Tag machen wir das. So lange, bis uns das gelbe Fieber in seinen Fängen hat. Zweihundert rohe Sklaven und alle weg.«

»Und wohin gehen wir jetzt?«

»Zu einer Scheune am Hafen, wo vielleicht heute nachmittag eine größere Zahl eintrifft – vielleicht eintrifft. Sechzig sollen es sein, sechzig, wenn man zweihundert hätte haben können!«

Als wir das Ufer erreichten, kam uns der 1. Maat freudig entgegen. »Es sind fast hundert«, sagte er, »sie sind schon vor einer Stunde gekommen. Ich habe sie zwar nicht gezählt, aber neunzig sind es sicher.«

»Und was?« fragte mein Vater, nicht mehr ganz so mürrisch.

»Männer und Frauen, auch ein paar Kinder.«

»Ich nehme keine über fünfundzwanzig«, sagte mein Vater störrisch, »das hat mir Mr. Robinson extra noch einmal in seinem Brief geschrieben. Über 25 hat keinen Sinn. Da verlangen sie zehn Pfund Einfuhrzoll pro Kopf auf Jamaika.«

»Es sind nur wenige darüber«, berichtete der 1. Maat eifrig, »ganz alte gibt's nur zwei, und die sind umsonst.«

»Und Schwangere?«

Der Maat lachte. »Sichtbar nur vier, aber ein paar ganz gute Zuchtstuten sind besimmt darunter, die Sie in Barbados bei Duncan & Walker absetzen können.«

»Werden ja sehen«, sagte mein Vater befriedigt und strich sich das Revers glatt, als er das Boot verließ.

Der Lagerschuppen befand sich außerhalb der Stadt, und obwohl wir nur zehn Minuten zu gehen hatten, waren wir bereits nach einigen Minuten in Schweiß gebadet. »Hoffentlich ist das Fieber auch wirklich ganz vorbei«, sagte mein Vater und öffnete sich den Kragen. Dr. Bryan blieb stehen und drückte seine Schuhschnalle rasch zu. Als er mit hochrotem Kopf und schweratmend wieder hoch kam, zuckte er mit den Schultern. »Wenn es vorbei ist, ist es vorbei für eine Weile, das ist wie beim Erdbeben.«

»Ich wollte, wir wären schon in Barbados«, sagte mein Vater.

»Kälter ist es da auch nicht gerade.«

»Aber wir haben den Gestank hinter uns.«

Bryan grinste. »Er bringt das große Geld, Sir.«

Mein Vater seufzte. »Ich weiß.«

Inzwischen waren wir an einer halb zerfallenen Bretterbude angekommen, die unter Kokospalmen versteckt lag. Ein dicker Mann mit einer groben Narbe quer über dem Gesicht kam uns entgegen. »Ich habe die besten für Sie zurückgehalten, Sir«, sagte er mit einer hohen Fistelstimme, die nicht ganz zu seiner Körperfülle passen wollte. »Ich habe die jüngsten und kräftigsten für Sie aussortiert und alle ohne Fehler. Sie werden sehen, Mister, daß sie alle ohne Fehler sind.«

Mr. Bryan hatte inzwischen das Holzgatter geöffnet, hinter dem die Schwarzen auf dem Boden saßen und stumpf vor sich hin brüteten. Er öffnete einem der Männer den Mund und schaute uns dann an. »Diesen hier haben Sie wohl nicht gemeint«, sagte er dann spöttisch und drehte den Mann halb um, so daß sein fast zahnloser Mund sichtbar wurde.

»Ich habe natürlich nicht alle untersucht«, sagte der Dicke hastig, »die meisten habe ich überhaupt erst gestern oder heute früh bekommen.« Bryan nickte und blickte auf die staubigen Füße der Nigger. »Man sieht es.«

An dieser Stelle fiel mir bereits Egbo auf – ohne zu ahnen, welch verhängnisvolle Rolle er später noch spielen sollte. Er war nackt. Einfach nackt. Er hatte sein Glied weder in einer Seemuschel versteckt und es mit Ringen oder Perlen behängt, noch es mit einem Baststrick zwischen den Schenkeln nach hinten gezogen, so daß man kaum sehen konnte, ob er überhaupt ein Mann war. Er war nackt, und ich hatte das Gefühl, es störte ihn nicht, und es war ihm auch egal, ob es die anderen störte.

Auch Yamba war nackt oder nahezu nackt. Und sie fiel mir genauso auf. Noch bevor ich wußte, daß sie aus irgendeinem afrikanischen Herrscherhaus stammte, fand ich, sie sehe wie eine Königin aus. Sie hockte nicht stumpf am Boden und starrte in irgendeine Richtung, ohne jemanden zu sehen, sondern schaute uns an. Einen nach dem anderen. So, wie wenn man einen Menschen mustert, um sich zu überlegen, ob man wohl mit ihm bekannt werden möchte. Ich bin auch sicher, daß sie keine Angst hatte. Zumindest nicht in dem Augenblick, als mein Vater sie leicht an der Schulter berührte und sie in eine der Reihen schob. Mir fiel sie auch deswegen auf, weil mein Vater darauf verzichtete, sich ihre Zähne zeigen zu lassen, wie er es bei den übrigen tat. Auch Dr. Bryan verzichtete darauf, und hier wunderte ich mich zum zweitenmal. Er berührte sie nicht einmal und verlangte auch nicht den üblichen Lauf, bei dem die Nigger zeigen mußten, wie schnell sie waren. Er schaute sie nur an. Aber ausgerechnet ihm schenkte Yamba keinen Blick. Sie schaute über ihn hinweg, als gebe es ihn gar nicht. Erst als der Doktor ein paar Worte sagte, die ich nicht verstand, zuckte sie zusammen. Bis dahin wußte ich nicht einmal, daß Dr. Bryan die Sprache ihres Stammes sprach. Sie zuckte zusammen, und für einen Augenblick kreuzten sich ihre Blicke, aber nichts geschah. Mr. Bryan wiederholte seine Worte, und jetzt machte Yamba ein paar Schritte auf ihn zu. Mein Vater hatte inzwischen einige der jungen Männer betrachtet und blickte zu dem Doktor hinüber. »Ist etwas nicht in Ordnung mit ihr?« fragte er dann mißtrauisch.

Mr. Bryan schüttelte langsam den Kopf. Mein Vater schob die Männer in ihre Reihen zurück und kam zu uns herüber. »Sie ist mindestens 60 Pfund wert«, sagte er dann mit einem prüfenden Blick auf die noch nicht voll entwickelten Brüste des Mädchens, »ich bin sogar sicher, Collins und Co. bietet mir 70, wenn ich ihm sage, woher sie kommt.«

»Und woher kommt sie?«

»Aus einem alten Fürstengeschlecht. Sie wurde erst vor kurzem gefangengenommen, und ich bezweifle, ob ihr klar ist, was mit ihr geschieht. Bin mal gespannt, wie sie sich beim Brennen anstellt.«

Des Doktors Augen verengten sich. »Ich möchte sie haben«, sagte er dann langsam, »als Dreingabe, die mir zusteht.«

Mein Vater zog ärgerlich die Stirn in Falten. »Ich könnte für sie mehr als 70 Pfund bekommen. Wenn sie voll entwickelt ist, wirft sie mir sicher mehr als zwanzig Junge, rechnen Sie sich mal aus, was sie wirklich wert ist. Warum nehmen sie keine andere, es stehen Ihnen ja zwei zu?«

Der Doktor griff nach dem Handgelenk des Mädchens und zog es zu sich heran. »Ich will diese, und auf den zweiten Sklaven verzichte ich. Das ist gut bezahlt, wo Sie noch nicht mal sicher sind, ob sie überhaupt Junge wirft.«

Mein Vater zuckte mit den Schultern. »Wenn Sie unbedingt wollen, bitte. Aber hoffentlich erleben Sie keinen Reinfall mit ihr. Sieht ganz so aus, als könnte sie störrisch sein. Genauso störrisch wie ihr Bruder, der nicht einmal eine Schambinde anlegen wollte.«

»Das lassen Sie nur meine Sorge sein«, sagte der Doktor kurz und schob das Mädchen hinter sich.

Ich glaube, das Aussortieren und Untersuchen der Sklaven dauerte länger als zwei Stunden, und ich bereute bereits, mitgegangen zu sein. Die Sonne sank inzwischen, aber mein Vater verhandelte immer noch mit irgendwelchen Agenten, offenbar über die nächste Ladung. Inzwischen war ein kleines Kohlenbecken gebracht worden, der 1. Maat brachte eine Schatulle, die gleiche, wie sie mir mein Vater an Bord gegeben hatte. Als ich die Brenneisen darin sah, fielen mir plötzlich tausend Dinge ein, die ich am Morgen zu tun vergessen hatte. Ich ging hastig zu meinem Vater hinüber, der inzwischen sein Gespräch beendet hatte, und sagte ihm das. »Das Messing kannst du morgen putzen«, sagte er langsam, während er mich ansah und dabei mit den Fingern prüfend über die Brenneisen fuhr, die ihm der Maat reichte. »Im übrigen glaube ich, daß es höchste Zeit ist, endlich mit deiner Mannbarmachung zu beginnen.«

Ich starrte auf das Eisen, das die Anfangsbuchstaben meines Vaters trug, ein H und ein M, und das andere mit den Buchstaben der Gesellschaft. Natürlich hatte ich immer gewußt, daß es diese Eisen gab, nur gesehen hatte ich sie noch nie.

»Sie haben doch Ihr Eisen auch mit?« rief mein Vater zu Dr. Bryan hinüber, der soeben seine Listen beendete.

»Wofür?«

Mein Vater lachte. »Für Ihre vornehme schwarze Lady da«, sagte er dann und zeigte auf das Mädchen, das mit ausdruckslosem Gesicht bei dem Instrumentenkoffer des Doktors saß.

»Sie wird nicht gebrannt«, sagte Mr. Bryan mürrisch, »ich will nicht, daß sie gebrannt wird.«

Mein Vater blieb stehen und setzte zu einer offenbar ärgerlichen Antwort an. »Sie läuft nicht weg«, kam ihm der Doktor zuvor, »wer weglaufen will, läuft auch mit Markierung weg.«

»Sie müssen es ja wissen«, gab mein Vater verärgert zur Antwort.

Ich würde das folgende gern übergehen, weil es nicht jedermanns Sache ist, so etwas zu lesen. Aber wäre der Leser dann nicht nur halb informiert?

Ich fahre also fort mit meinem Bericht und erzähle, wie der Geruch verbrannten Fleisches über dem Strand hing. Er erinnerte mich an das Brennen von Tieren, bei dem ich schon einmal dabeigewesen war, aber er erinnerte mich nicht nur daran, denn er war anders. Es war Schweiß mit dabei und Angst. Ja, Angst war mit dabei, man roch sie, und es soll niemand sagen, daß man Angst nicht riechen kann. Das Stöhnen der Sklaven kann ich nicht hörbar machen, aber vielleicht die groben Fausthiebe sichtbar, wenn einer der Schwarzen zusammenzuckte, so daß das Eisen ins Leere stieß und wieder im Feuer erhitzt werden mußte, weil es inzwischen kalt geworden war.

Als wir am Abend beim Essen saßen, kam die Rede noch einmal auf den Nachmittag, weil der Doktor fehlte.

»Einer der Burschen hat mir zwei Frauen verdorben«, sagte mein Vater ärgerlich, als der 1. Maat ihn darauf ansprach, »ich hatte gesagt, auf den Rücken, und er hat sie vorne gebrannt. Der Doktor sieht noch einmal nach ihnen.«

Mr. Hudson reichte die Gemüseplatte, ich füllte die Gläser nach. Als Mr. Bryan kurze Zeit später den Raum betrat und sich stumm an den Tisch setzte, sagte Kitty gerade: »Mein Vater hat mir einmal erzählt, es gebe verschiedene Stempel, stimmt das?«

Der Doktor löffelte seine Suppe und schwieg.

»Sie haben recht, es gibt zweierlei«, sagte der 3. Maat, als niemand antwortete, »es gibt eiserne und silberne.«

»Und welche sind die besseren?« wollte Kitty wissen.

Mr. Bryan legte den Löffel neben den Teller. »Sie setzen die Adjektive falsch, Ma'am«, sagte er dann, »besser ist gar keiner.«

Kitty stutzte. »Aber – ich dachte immer, silberne seien humaner, weil die Wunden dann rascher heilen«, sagte sie zögernd.

Der Doktor lachte auf und wandte sich an seinen Nachbarn zur Linken. »Ich habe zwar schon gehört, daß Silber kostbar ist und daß es verschiedene Sorten gibt, aber daß es human sei, noch nie – Sie etwa?«

Mein Vater unterbrach das Gespräch mit der Bemerkung, daß wir am nächsten Morgen die Anker lichten würden. »Wir werden die Küste entlang fahren, zuerst nach Old Calabar, dann nach New Calabar und dann weiter, so lange, bis wir vollzählig sind. Notfalls werden wir selber noch ein wenig auf Jagd gehen.«

Was unter »auf Jagd gehen« zu verstehen war, erfuhr ich erst einige Tage später. An diesem Abend konnte ich mir nichts darunter vorstellen. Das heißt, ich dachte selbstverständlich an Löwen und Elefanten, da ich wußte, daß das Elfenbein bei uns sehr gesucht war. Was ich nicht wußte, war, daß es sich bei diesem Abenteuer nicht um Jagden auf Tiere, sondern auf Menschen handelte. Zwar führten wir sie dann nicht selber aus, weil wir unseren Bedarf so decken konnten, aber das, was darüber zu hören war, war schlimm genug. Daß Dörfer verbrannt wurden, Menschen wie Vieh in Pferche gesperrt, die Jungen fortgeschleppt, die Alten, Gebrechlichen hilflos in der Wildnis zurückblieben, weil sie sich nicht zurücktrauten.

Natürlich gab es daneben auch den ganz normalen Tauschhandel, so, wie ihn mein Vater z. B. mit dem Makler des Königs von New Calabar durchführte. Oft dauerten diese Verhandlungen – oder Feilschereien – tagelang und manchmal auch noch halbe Nächte. Sie fanden auf der *Mary Anne* statt oder an Land – von Alkoholgelagen waren sie fast immer begleitet. Und es blieb meinem Vater nichts anderes übrig, als mitzumachen, wenn er zu einem günstigen Abschluß kommen wollte. Günstig war es, wenn wir mit unseren Messingkannen und Schüsseln zum Zuge kamen, wenn die Zahl der Eisen- und Kupferbarren akzeptiert wurde, 13 für einen Mann, 10 für eine Frau. Manchmal wurde auch nur mit Kauris gehandelt, die überall an der Küste und auch im Landesinnern galten. Oder die Hälfte wurde mit Kauris gezahlt, der Rest in Ware. Oder auch nur in Ware – für eine junge Frau zahlte mein Vater mit einer Rolle Tabak, einer Muskete, einer Korallenkette und zwei Fäßchen Rum. Einen kräftigen jungen Mann bekam er dagegen an manchen Orten nicht unter 100 m Chintz, 50 Kopftüchern, zwei Musketen, 25 Pulverfäßchen, 50 Gewehren, vier Hirschfängern, vier eisernen Töpfen, was insgesamt einem Wert von etwa 25 Pfund entsprach.

Zum Schluß der Geschäfte mußten noch Geschenke gemacht werden, an den König fünf Pulverfässer, etliche Musketen und Rum, an den Makler Musselin und Kopftücher, an die Würdenträger Kupfer- und Eisenbarren. Dies war jedoch nur bei den größeren Geschäften, die mein Vater tätigte, bei den kleineren waren keine Geschenke nötig. Wir fuhren dazu an der Küste entlang, sahen wir irgendwo ein Feuer, so suchten wir eine günstige Ankerstelle und schickten Boote an Land. Mal waren es zehn Leute, mal vier, mal waren es auch nur »Mackrons«, die uns angeboten wurden, solche mit Fehlern, die mein Vater nie und nimmer gekauft hätte.

So vergingen genau fünf Wochen, bis wir endlich die vorgesehene Anzahl Sklaven beieinander hatten und Kurs auf Barbados nehmen konnten.

Das Bordleben hatte sich verändert, und zwar in einem Maße, wie ich es mir nie vorgestellt hatte. Es war nicht nur die Enge, die plötzlich herrschte – wir waren 73 gewesen, jetzt waren wir über 500 –, es war einfach alles anders. Von den Geräuschen bis zum Geruch, und ich glaube, Kitty Robinson hätte ihre Frage, ob man die Ladung rieche, nun nicht mehr gestellt. So sehr auch das Schiff ein paarmal täglich mit brennenden Heilkräutern geräuchert wurde, so oft man die Decks mit Essigwasser besprengte und Kalk gegen Dysenterie in das Trinkwasser hineinschüttete – es gab Krankheiten, es gab Todesfälle, es gab Aufmüpfigkeiten. Letztere betrafen vor allem Egbo. So wie er sich als einziger geweigert hatte, ein Stück Segeltuch als Lendenschurz anzunehmen, so weigerte er sich zum Beispiel auch, unsere Sprache zu sprechen oder zu verstehen. Obwohl er sie teilweise kannte, da sein Vater bereits seit Jahren Handel mit Europäern trieb, war er nicht bereit, Mittler zwischen den Schwarzen und der Besatzung zu spielen.

»Sie sollen unsere Sprache lernen, wenn sie mit uns reden möchten«, hatte er haßerfüllt gesagt, »weshalb sollen wir die ihre lernen?«

Daß er im Zwischendeck und seine Schwester im Vorraum des Cockpits untergebracht war, schien seinen Haß noch mehr anzustacheln. Und daß Yamba sich offenbar mit ihrer Situation abfand, war vermutlich am schlimmsten. Wenn das Wetter schön war, saß sie meist auf einer Taurolle an Deck und reihte Perlen zu einer Halskette auf. Manchmal sang sie dabei, und wenn Mr. Bryan an Deck kam, lächelte sie ihm zu und begann zu erzählen. Von sich zu Hause, von ihren Eltern, von der Stadt, von der Zeit, als sie noch ein Kind war. Da der Doktor ihre Sprache verstand und sie ebenso wie ihr Bruder einige Brocken Englisch konnte, war die Verständigung nicht schwierig. Auch mit den übrigen Sklaven wußte Dr. Bryan umzugehen, und ich glaube, alle Vorbehalte, die wir zunächst gehabt hatten, schwanden in dieser Zeit. Und wiederum gab es einen, an den auch der Doktor nicht herankam: Egbo, der von Tag zu Tag schwieriger wurde. Der sich auflehnte gegen die schlechte Belüftung im Zwischendeck, gegen die Befestigung der männlichen Sklaven an Ringbolzen, wenn sie tagsüber an Deck waren, gegen die oberflächliche Reinigung der Schlafräume, gegen das Essen. Sicher waren die Mahlzeiten, die die Schwarzen dreimal am Tag bekamen, noch um eine Spur langweiliger als die unsren. Es gab Samenkörner zum Frühstück, in Wasser gekochten Hirsebrei zum Mittagessen, ansonsten Cassavebrot und manchmal Mais.

»Schließlich auch nichts anderes, als das, was sie zu Hause gegessen haben«, sagte Sam, als die Klagen bis zu ihm drangen.

»Vielleicht kochen sie es anders«, wagte Dr. Bryan zu sagen. Ich glaube, es war das erste Mal, daß Sam nicht gut über den Doktor sprach.

»Ich sage ja auch nicht, daß er die falschen Instrumente für seine Operationen verwendet«, fauchte er.

Gegen Ende der zweiten Woche begann Egbo das Essen zu verweigern, weil er bessere Bedingungen erzwingen wollte.

»Er bekommt den Trichter«, sagte mein Vater, als er davon hörte, »ich habe noch jeden Nigger zum Essen gebracht. Wenn er morgen nicht ißt, bekommt er ihn, unweigerlich.«

Und Egbo bekam den Trichter, auch wenn ihn drei Männer dabei halten mußten und man die Würgegeräusche kaum ertragen konnte.

»Sie werden ihn umbringen«, prophezeite Dr. Bryan, »so oder anders. Und abkaufen wird ihn auch niemand mehr, wenn Sie ihn auspeitschen lassen und ihm das Fell verderben.«

»Ich lasse sie nur in der ersten Hälfte der Reise peitschen«, sagte mein Vater wütend, »bei mir sieht man keine Striemen mehr, wenn sie zum Verkauf anstehen.«

Dr. Bryan zuckte mit den Schultern. »Es ist Ihr Geld, Sir«, sagte er dann höflich, bevor er sich umdrehte.

Mein Vater schaute ihm verärgert nach, und da im Augenblick niemand anderes als ich vorhanden war, an dem er seine Wut auslassen konnte, schickte er mich in den Vorratsraum hinab, um die Rationen für das Abendessen zu richten, obwohl es noch lange nicht Zeit dazu war. Ich schlenderte den Niedergang hinunter und stieß dabei fast mit Francis zusammen, der die Treppe heraufgehastet kam und mich nach Kitty fragte. »Ihr Papagei sieht so komisch aus«, sagte er atemlos, während er weiterlief. Als ich auf dem Rückweg an Kittys Kajüte vorbeikam, hörte ich drinnen ein Schluchzen. Da die Tür nur angelehnt war, blieb ich für einen Augenblick stehen, so lange, bis sich die Tür langsam öffnete und Kitty mit dem Papagei in der Hand vor mir stand.

»Er ist tot«, sagte sie tonlos, »ganz tot.«

Ich stellte meine Körbe mit den Rationen auf den Boden und trat näher, nahm ihr den Vogel aus der Hand und betrachtete seinen Schnabel, an dem feine Tröpfchen hingen.

»Er hat nur noch getrunken in den letzten Tagen«, sagte Kitty leise, »aber ich dachte, das sei normal.«

Über uns erklangen Schritte. »Und was wollen Sie jetzt tun?« fragte ich hastig und nahm meine Körbe auf.

Über Kittys Gesicht liefen Tränen. »Ich weiß es nicht. Ich will nur nicht, daß er ins Meer geworfen wird.«

Die Schritte verklangen in der Richtung des Vorratsraums; der Schwere nach konnte es nur Sam sein. Bis er wieder zurückkam, mußte ich in der Küche sein.

Kitty starrte mich an und wischte mit dem Handrücken die Tränen ab. »Bei uns zu Hause gibt es einen Apfelbaum im Garten, da liegen alle meine Tiere.«

Ich überlegte blitzschnell. Wenn ich meinen Vater um Rat fragen würde, könnte ich ganz sicher Kitty helfen. Nur war der jetzige Zeitpunkt nicht gerade geeignet dafür. »Vielleicht fällt mir bis morgen etwas ein«, sagte ich hastig, »ich muß nur Zeit haben, um alles in Ruhe zu überlegen.«

Aber der nächste Tag schien zunächst alles andere als geeignet, um Kittys Wunsch bei meinem Vater vorzubringen. Bereits in aller Frühe hatte Sam festgestellt, daß das Bier sauer geworden war, bei der Waffenreinigung entdeckte der 1. Maat zwei rostige Flinten, die nicht sorgfältig genug geölt worden waren, und um die Mittagszeit ging die Salzwasserpumpe kaputt.

Und so war es bereits spät am Nachmittag, als ich endlich den Mut hatte, mit Kitty und ihrem toten Vogel in die Kajüte meines Vaters zu gehen. Auch wenn es mir noch immer nicht ganz einleuchten wollte, daß ein Papagei unbedingt unter einem Apfelbaum begraben werden mußte. Aber was hätte ich nicht alles getan, um Kitty einen Gefallen zu tun!

Als wir die Stufen des Niederganges hinunterstiegen, hörten wir plötzlich Stimmen. Kitty packte meinen Arm und blieb stehen. »Vielleicht ist jetzt doch nicht ganz der richtige Augenblick«, sagte sie zögernd. Aber ich zog sie weiter. Was wußte ich schon, wen sie morgen bitten würde, ihr zu helfen – vom 1. Maat bis hinab zu John wäre vermutlich jeder bereit gewesen, sich in die Höhle des Löwen zu wagen, wenn ihm dafür nur ein einziges Lächeln von ihr zuteil wurde. Also zerrte ich sie weiter die Treppe hinunter, auch wenn die Stimmen inzwischen so laut geworden waren, daß man sie beim besten Willen nicht mehr überhören konnte.

»Es waren nicht drei, Sir, es waren vier, die über Bord gingen«, schrie mein Vater zurück, »zwei starben an der Dysenterie.«

»Weil das Wasser halb verfault war«, gab Mr. Bryan zurück, »und weil nur die Nigger dieses Wasser bekommen haben.«

»Sie haben nur eine Pinte pro Tag bekommen, davon kann es nicht gewesen sein. Wer weiß, was sie sonst noch alles in sich hineinschlingen, wenn man nicht zuschaut. Neulich habe ich einen dabei erwischt, als er die Eingeweide irgendeines Fisches verschlang, den einer meiner Männer gerade wieder ins Meer zurückwarf, weil er ihm verdächtig vorkam.«

»Und Sie fragen sich natürlich nicht, weshalb er diese Eingeweide verschlingt«, sagte Mr. Bryan, »Sie fragen überhaupt nicht –«

»Und was meinen Sie, was es für mich bedeutet«, unterbrach mein Vater wütend, »mindestens 50 Pfund pro Kopf. Für James hätte ich sogar noch mehr bekommen, er war kein Rohsklave wie die anderen. Für ihn hätte ich mindestens 60 Pfund herausschlagen können. Er konnte kochen. Wissen Sie, was man für einen Sklaven in Barbados bekommt, der kochen kann?«

»Mich interessiert nicht die Wertsteigerung Ihrer Ware«, gab Dr. Bryan brutal zurück, »ich bin Arzt, mich interessieren nur die Menschen.«

»Für die Sie ein Kopfgeld bekommen, nicht wahr?« höhnte mein Vater, »ist es etwa das, was sie kränkt? Dann will ich gerne großzügig sein und aus meiner eigenen Tasche Ihnen die zwei Schilling pro Mann zahlen, die Sie bekommen hätten, wenn sie nicht vorher über Bord gegangen wären.«

Etwas fiel auf den Boden, Kitty zuckte zusammen. »Er wird ihn umbringen, in seinem Jähzorn«, flüsterte sie. »Kommen Sie!«

Ich schaute den Vogel in meinen Händen an und schüttelte den Kopf. »Sie wissen, was mit ihm geschieht, wenn wir nicht fragen«, sagte ich hartnäckig, »daher werden wir fragen.«

»Aber doch nicht jetzt«, wehrte Kitty ab, »sie sind doch noch nicht fertig mit ihrer Schimpferei, wir können doch nachher wieder kommen.«

Daß sie nicht fertig waren, konnte man hören. Zunächst war zwar nichts weiter als ein starkes Schnaufen, von dem wir nicht wußten, zu wem es gehörte, aber dann klang die Stimme Mr. Bryans zu uns heraus, so, daß Kitty sich schaudernd an mich drängte. »Sie haben mich neulich nach meinem Glauben gefragt, Sir, und ich habe Ihnen geantwortet, daß für mich die Religion nur dann erträglich ist, wenn sie umgesetzt wird. Hören Sie, jeden Tag umgesetzt; wenn Sie das, was Sie von den anderen verlangen, auch selber tun, wenn für Sie diese 500 Nigger, die Sie an Bord haben, auch Menschen sind, keine Zahlen, die man addieren, subtrahieren kann. Wenn sie nicht nur Gegenstände sind, die man hin und her bewegt.«

»Sie haben keine Seele«, sagte mein Vater wütend, »das wissen Sie so gut wie ich.«

Mr. Bryans Stimme überschlug sich. »Sie haben christliche Namen, sie heißen Mary, Billy, James und Esther, genauso wie wir. Sie haben den christlichen Glauben angenommen, aber eine Seele haben sie nicht, was?«

Wir standen wie erstarrt. Inzwischen hatte auch ich das Gefühl, daß der Zeitpunkt für unser Anliegen doch wohl nicht ganz der richtige war. Ich starrte Kitty an, sah die Blässe in ihrem Gesicht und fürchtete schon, sie würde gleich ihr Riechfläschchen hervorziehen oder gar auf den Boden sinken. Und weil ich das Gefühl hatte, daß dies das letzte war, was jetzt passieren durfte, gab ich Kitty einen Wink zum Gehen. Kitty nickte, aber ehe wir noch unser Vorhaben ausführen konnten, knackte eine Diele unter meinem Fuß. Fast im gleichen Augenblick wurde die Tür aufgerissen, so heftig, daß ich meinem Vater beinahe in den Arm fiel. Der tote Papagei sauste mit Schwung unter den großen Tisch und blieb mit gesträubten Federn an einem Tischbein hängen, während sein Kopf über der Querleiste des Tisches hin- und herpendelte.

Zunächst geschah gar nichts. Mein Vater starrte den Vogel an, so, als sei Poseidon aus dem Meer gestiegen, Mr. Bryan, der am Fenster stand, blickte Kitty an, die jetzt ganz offenbar wirklich ihr Riechfläschchen nötig hatte.

»Möchtest du mir bitte sagen, was das alles soll«, fragte mein Vater schließlich mit veränderter Stimme und machte eine vage Bewegung in Richtung Papagei, dessen Kopf inzwischen zu pendeln aufgehört hatte.

»Es ist nicht mehr wichtig«, sagte Kitty hastig, »es war nur, weil –«

»Weil was«, fragte mein Vater kalt, so als sei Kitty nicht die Tochter des Reeders, sondern seine eigene.

Mr. Bryan bückte sich und zog den Vogel hinter dem Tischbein hervor. Er spreizte seinen Schnabel und blickte ihm prüfend in den Hals. Kitty machte einen Schritt auf ihn zu, und ich hoffte, daß sie uns wenigstens die Peinlichkeit ihrer Tränen hier ersparen würde.

»Hatten Sie ihn am offenen Fenster stehen?« fragte er dann. Kitty nickte.

»Dann dürfte es eine Lungenentzündung gewesen sein.«

Da ich das Gefühl hatte, daß durch diese Untersuchung mein Vater eher geneigt sein würde, mich anzuhören, faßte ich wieder Mut. »Miß Robinson meinte, ob es nicht eine Möglichkeit hier auf dem Schiff gebe, bis wir wieder zu Hause sind.«

»Hat dir die Hitze den Geist verwirrt?« sagte mein Vater hochrot im Gesicht, »auf einem Schiff in diesen Breitengraden, eine Stelle, an der ein toter Papagei konserviert werden kann, kannst du mir vielleicht Vorschläge machen, wie das vor sich gehen soll?«

Kitty trat einen Schritt vor. »Ich war es, die ihn gebeten hat«, sagte sie stockend, »und ich dachte auch nur, weil wir doch die Hälfte der Reise fast hinter uns haben.«

Mr. Bryan lachte auf. »Die Hälfte der Fahrt, Ma'am, Sie wissen wohl immer noch nicht, was ein Kalmengürtel ist, oder? Genügt Ihnen das noch nicht, was wir jetzt schon seit Tagen haben?«

»Was hatten Sie eigentlich gedacht, was ich mit ihm tun soll?« fragte mein Vater jetzt, »sollte ich ihn etwa ausstopfen?«

Kitty zuckte zusammen. »Ich wollte nur nicht, daß er ins Meer geworfen wird.«

»Es hat Sie doch neulich nicht sehr gestört, daß Sallys Kind ins Meer geworfen wurde«, sagte Mr. Bryan mit zusammengekniffenen Augen.

Mein Vater setzte sich an den Tisch und begann zu schreiben. Erst jetzt sah ich, daß es die Sterbelisten waren, die er vor sich hatte. Er setzte mit seiner säuberlichen Schrift das Datum ein, dann malte er dahinter eine vier. Bei der Todesart gab er an »alle an Dysenterie«.

»Sie können ihn dalassen«, sagte er schließlich, ohne aufzublicken, »ich werde dafür sorgen, daß er präpariert wird, dann übersteht er die Fahrt.«

Kitty blieb unschlüssig stehen. Mir war nicht ganz klar, ob es das war, was sie wollte, und ob sie zufrieden war. Ich war es auf jeden Fall. Ich hatte ihr dazu verholfen, daß Cora in Liverpool begraben wurde und nicht in den Tiefen des Meeres ein Fraß der Haie wurde. In einer Hochstimmung, wie ich sie schon lange nicht mehr gekannt hatte, verließ ich die Kajüte. Aber diese Hochstimmung dauerte genau zehn Minuten, dann verebbte sie bereits.

Später am Abend, als wir unten in der Kombüse saßen und darüber sprachen, was geschehen war, als wir die Kajüte meines Vaters verlassen hatten, waren einige der Meinung, Mr. Bryan sei echt verrückt. Andere waren der Meinung, er leide nur unter einem zu stark ausgeprägten Gerechtigkeitssinn, und wieder andere waren sogar der Meinung, er sei in Kitty verliebt. Aber das waren nur Pit und George, und auf die hörte ohnehin niemand.

Ich gehörte zu denen, die annahmen, Dr. Bryan sei verrückt geworden. Denn was sollte man sonst anders denken, wenn man erfährt, daß der Doktor nur zehn Minuten später den Vogel, den mein Vater ausstopfen lassen wollte, ins Meer warf? Er wartete damit genau bis zu der Sekunde, als wir am Großmast vorbeikamen. Wir konnten ihn noch fliegen sehen, wie er mit gesträubten Federn hoch durch die Luft segelte und dann mit einem dumpfen Klatschen auf dem Wasser aufschlug. »Er wird es gut haben«, sagte Mr. Bryan ruhig, als das Wasser über dem bunten Gefieder zusammenschlug, »so gut wie Bob und Carol, die den gleichen Weg gegangen sind.«

Kitty stand so steif wie eine Gestalt im Wachsfigurenkabinett des Monsieur Curtius in Paris. Sie starrte auf die Wellen, die den Papagei hoch und nieder hoben, ihn mit einem Schwapp unter sich begruben und wieder emporspülten. Das Smaragdgrün seiner Federn färbte sich langsam um in ein schmutziges Grün, das Rot wurde schwarzbraun, aber noch immer gab es Stellen, in die das Wasser noch nicht eingedrungen war.

Mich packte ein unbeschreiblicher Zorn. Auf Mr. Bryan, der so etwas tat, auf Kitty, die das geschehen ließ, auf mich, der ich dabeistand und nichts tat. Aber was hätte ich auch schon tun können? Mir fiel nicht einmal ein, wie ich das inzwischen fast unerträgliche Schweigen brechen konnte. Erst nach einer ganzen Weile blickte Kitty den Doktor an. »Warum haben Sie das getan?«

Mr. Bryan wandte den Blick vom Wasser und schaute Kitty an. Nicht feindlich, nicht starr, eher wie ein gütiger alter Herr, der einem Kind zeigt, wieviel es noch zu lernen hat. »Damit Sie lernen, zwischen Dingen und Menschen zu entscheiden«, sagte er dann langsam, »ich wollte nur, daß Sie Sallys Empfindungen verstehen lernen, als ihr Kind in den Fluten versank. Ich hatte damals das Gefühl, Sie merken nicht ganz, um was es da eigentlich ging.«

Kitty drehte sich um, ohne noch einmal auf das Wasser zu blikken, dessen Oberfläche inzwischen wieder glatt und sanft war.

Ich glaube, das war der Tag, an dem ich über meinen Vater nachzudenken begann. Ich meine, so über ihn nachzudenken, wie wenn er irgendwer wäre und nicht mein Vater. Ich legte die Brille ab, die Kind-Vater-Brille, die mich bisher vielleicht daran gehindert hatte, ihn richtig zu sehen. Aber es war ganz sicher nicht nur die wütende Rede Mr. Bryans, die mich plötzlich anders denken ließ. Obwohl seine bissigen Sätze die ganzen Wochen über vielleicht doch schon wie schleichendes Gift in mir wirkten.

Aber nun war es ganz einfach so, daß ich meinen Vater in zwei Personen aufzuteilen begann. In eine Person, die ich die Gesangbuchperson nannte, und in eine zweite, die Respektsperson. Und mir war ganz plötzlich klar, daß es zwischen diesen beiden Personen keine Brücke gab. Ja, ich glaube fast, daß mein Vater dies auch nicht wollte, weil es ihm hinderlich im Benutzen dieser Figuren gewesen wäre. Er benutzte sie wirklich wie ein Schauspieler seine verschiedenen Kostüme. Zweimal am Tag schlüpfte er in die Gesangbuchhaut, seine Stimme änderte sich dann, wurde fromm, der metallene Klang, mit dem er sonst die Leute in die Wanten schickte, verschwand, löste sich auf in ein Nichts. Sanftheit lag auf seinem Gesicht wie das Mondlicht auf den Wassern, wenn er mit einer Handbewegung befahl, den Korb mit den Bibeln zu verteilen, der jeden Morgen auf Deck gebracht wurde. Wenn er den Kopf neigte, sein Gesicht entspannte und in Falten legte, war alles voller Demut. Und jedermann war bereit, ihm diese Demut auch zu glauben. Wenn die Tätigkeit der einen Haut beendet war, hängte er sie ganz einfach in seiner Kajüte an den Nagel und streifte die andere über. Die andere, mit der er die Sklaven auspeitschen ließ, ihre Essensrationen zu kürzen begann oder die Wächter anhielt, unbarmherzige Strenge walten zu lassen. Die andere, zu der auch eine völlig andere Welt gehörte. Die Welt, die nur zwei Meter unter seiner Kabine begann und in der die Güte Gottes, von der oben auf dem Achterdeck die Rede war, nicht mehr galt.

Nachzudenken begann ich auch deshalb, weil ich plötzlich das Gefühl hatte, als habe sich auf unserem Schiff ganz unmerklich etwas verändert. Ich weiß nicht recht, woran es eigentlich lag. Sicher hatte es mit dem Tod der vier Männer zu tun, aber vermutlich nur am Rande. Es war ganz einfach so, als habe irgendwer plötzlich Zündschnüre gelegt, und als bedürfe es nur eines Funkens, um alles in ein großes Chaos zu verwandeln. Natürlich trug auch die Windstille dazu bei – und unsere Untätigkeit, irgend etwas Sinnvolles zu tun. Die Arbeiten, die anfielen, bildeten nur einen Bruchteil des Normalen, so daß sich abends oft nicht einmal mehr eine gesunde Müdigkeit einstellte. Nachts wachte ich dann schweißüberströmt auf, von Alpträumen geplagt, oder vom Knistern der Kakerlaken. Ich sprang aus dem Bett, schüttelte mich, bis ich glaubte, daß alles von mir abgefallen war, legte mich wieder in die Koje, aber schlafen konnte ich dann meist überhaupt nicht mehr.

Mr. Bryan und Kitty Robinson gingen sich seit jenem Nachmittag aus dem Wege. Befand sich der eine auf dem Weg zum Cockpit und der andere zum Niedergang, so daß sich ihre Wege kreuzen mußten, dann fiel Kitty gewiß in letzter Sekunde ein, daß sie ihr Taschentuch in der Kabine hatte liegenlassen. Meist war sie es, die zurückging, während Mr. Bryan dann breitbeinig irgendwo zwischen den Hängematten der Matrosen stand und lachte. Manchmal lachte er so laut, daß man es bis auf das Poopdeck hören konnte und mein Vater ärgerlich den Kopf wandte.

Auch bei den Mannschaften begann sich die Unzufriedenheit einzuschleichen. Sam war mürrisch, weil gut die Hälfte des gepökelten Fleisches verdorben war und so viel Salz enthielt, daß man es kaum essen konnte. Die Matrosen murrten, weil die Wasserration auf zwei Pinten pro Tag herabgesetzt wurde und der Zwieback bereits von den Ratten halb aufgefressen war, bevor er noch verteilt wurde.

Lediglich Mr. Hudson schien die allgemeine Gereiztheit nichts auszumachen. In jeder freien Minute saß er im Schatten des Poopdecks und zeichnete – das Meer, die *Mary Anne*, wie man sie schrubbte, bemalte oder kalfaterte, die Männer, wie sie mit lachenden Gesichtern die Segel einholten. Sam, wie er mit einem breiten Grinsen ein Huhn auf der silbernen Platte in die Messe trug, oder meinen Vater, wie er im Kreise seiner Offiziere stand und das Astrolabium bediente. Ich fand diese Bilder gut, obwohl ich nicht viel vom Zeichnen verstand. Auch die anderen, die darauf abgebildet waren, hätten die Zeichungen gern gehabt, um sie an die Wand zu hängen. Aber Mr. Hudson schob die Blätter jedesmal lachend zusammen und winkte ab. »In Liverpool«, sagte er dann, »jetzt ist es noch zu früh.« Er ließ übrigens nie eines seiner Bilder herumliegen, ja, ich hatte das Gefühl, als sei er geradezu ängstlich darauf bedacht, seine Mappe immer gut zuzuschnüren. Lange Zeit wußte ich nicht einmal, wo er sie überhaupt aufbewahrte. Erst an dem Tag, als Francis sich den Finger brach und ich daher für ihn auch in der Küche einspringen mußte, erfuhr ich es. Und ich erfuhr nicht nur dies.

Ich hatte an diesem Nachmittag lange gebraucht, um den Herd zu putzen, weil Sam mittags die Suppe übergelaufen war. Ich stand daher noch in der Kombüse, als Mr. Hudson mit einem kurzen Seitenblick seine Mappe unter seinem Strohsack hervorzog. Da mir just in diesem Augenblick ein Kochtopf auf den Boden fiel und er davon erschrak, rutschte ihm die Mappe aus der Hand. Ich bückte mich nach meinem Topf, aber plötzlich schien die Küche voll zu sein mit schwarzen Gestalten. Nigger in Fesseln, mit schmerzverzerrten Gesichtern und aufgescheuerten Füßen, eine Frau, die ganz offenbar ein halb verhungertes Kind im Arm hielt, die neunschwänzige Katze, wie sie auf den Rücken eines Mannes herabsauste, die Schwarzen, gierig essend und sich mit beiden Händen den Hirsebrei in den Mund stopfend. Und immer wieder Ketten. Es gab kaum ein Bild, auf dem keine zu sehen waren.

Ich weiß nicht, wieviel Zeit inzwischen vergangen war. Ich hockte nur und starrte auf die schwarzen Gestalten. Ich spürte, wie der Speichel in meinem Mund versiegte, aber ich meinte, man müsse mein Herz bis hinauf zur Mastspitze schlagen hören, als ich plötzlich meinen Vater sah. Den Kopf demütig geneigt, die Bibel in der Hand, die Herde der schwarzen Lämmer rings umher mit gläubigen Augen zu ihm aufschauend, die Rücken der gebeugten Gestalten bedeckt von den Brandnarben der Markierungen. Einer der Männer im Vordergrund hatte ein großes H. M. auf der Schulter, ich wußte, daß es die Buchstaben meines Vaters waren.

Ich weiß nicht mehr, wie lange ich so hocken blieb. Sicher war es nicht länger als eine halbe Minute. Aber mir schien es, als gäbe es keine Zeit mehr, nur noch diese schwarzen Gestalten. Ich wachte erst wieder auf, als Mr. Hudson begann, die Blätter hastig übereinander zu schieben und die Mappe auf dem Küchentisch wieder zurechtschüttelte. Ich richtete mich langsam auf und stellte den Topf auf den Herd. Keiner von uns sprach ein Wort, aber mir war, als habe ich das Jüngste Gericht gesehen. Mr. Hudson knotete inzwischen verbissen an den Bändern seiner Mappe herum und sah mich nicht an.

»Ich wußte gar nicht, daß Sie so etwas malen«, brachte ich schließlich hervor.

»Ich male so etwas auch nicht«, sagte er heiser. »Ich«, er stockte, »ich werde es Ihnen später erklären«, sagte er dann rasch, als über uns Schritte erklangen. Ich nickte stumm, dann verließ er den Raum. Als der 2. Maat hereinkam, um mich an die Wasserration zu erinnern, stand ich noch immer so, wie mich der Steward verlassen hatte.

»Na und, hast du den Leibhaftigen gesehen?« fragte er.

Ich nahm meinen Topf vom Herd und stellte ihn ins Regal. Der Maat schaute ihn mißtrauisch an. »Wenn ihr darin eure Suppe kocht«, sagte er und hielt ihn mir vor die Nase, »dann werde ich darauf nächstens lieber verzichten.«

Ich nahm ihm den Topf ab und stellte ihn wieder auf den Herd. »Ich bin noch nicht fertig mit Putzen«, sagte ich leise.

Der Maat nickte. »Das scheint mir auch so. Im übrigen ist's vier Glasen längst vorüber, und die Mannschaft wartet auf das Trinkwasser.«

Ich nickte und stieg, noch immer wie im Traum, zum Vorratsraum hinunter. Und während ich hinunterstieg, hatte ich plötzlich das Gefühl, als sei ich doppelt blind gewesen, die ganze Zeit über. Und als hätte ich zum ersten Mal in meinem Leben Augen bekommen, richtige Augen, mit denen man auch alles sehen konnte, wie es wirklich war. Nicht durch eine Brille, sondern direkt und einfach so.

Ich lief den ganzen Nachmittag über wie in einem schlafwandlerischen Zustand hin und her. Von der Vorratskammer zu der Kombüse, von der Kombüse zu den Schweineställen, von den

Schweineställen hinab ins Zwischendeck und wieder herauf zum Quarterdeck. Ich wollte diesen Bildern entfliehen, aber sie liefen mit. Hinter mir, vor mir, neben mir – immer waren sie da. Ich glaube, das Bild meines Vaters ließ sich am wenigsten abschütteln. Ich sah den Schwarzen vor ihm, seinen vor Schrecken geöffneten Mund und die Striemen auf seiner Schulter neben den Brandnarben der Buchstaben. Ich war so unsicher wie nie zuvor in meinem Leben, und eigentlich wußte ich nur eines ganz sicher – daß diese Bilder niemand außer mir sehen durfte. Und ich wußte dies, ohne daß es mir Mr. Hudson sagte. Wir sahen uns ohnehin an diesem Tag nicht mehr und am nächsten Tag geschahen so ungeheure Dinge, daß keiner mehr von uns beiden Zeit hatte, an Bilder zu denken, auf denen schwarze Männer gequält wurden – denn nun waren wir an der Reihe.

Es begann bereits früh am Vormittag mit einer dicken zähen Brühe, in die unsere *Mary Anne* plötzlich hineintrieb. Giftgrüne, schlangenartige Algen, die aus der Tiefe des Meeres emporgestiegen waren und offenbar schon einige Tage in der Sonne vor sich hin faulten, umgaben das Schiff plötzlich von allen Seiten. Ein widerlicher Gestank drang zu uns herauf, und der Quartermeister, der gerade die Angeln an die Männer verteilt hatte, die Freiwache hatten, blickte zweifelnd auf das Wasser.

»Da kann ich wohl alles wieder einsammeln«, sagte er dann ärgerlich und sah zu Dr. Bryan hinüber, der mit einem Eimer an der Reling saß, »der Käpt'n hat sich ohnehin den Magen verdorben an einem Fisch.«

»Bei mir hat auch vor dieser Brühe keiner angebissen bis jetzt«, sagte der Doktor mürrisch und schlug ärgerlich nach den Fliegen, die ihn umsurrten, »gestern hatte ich drei Vierpfünder gefangen und heute nicht den kleinsten Fisch.«

Ich setzte mich zu John, der auf dem Poopdeck saß. Einige Meter von uns entfernt hatte sich Kitty auf einer Taurolle mit einem Buch niedergelassen.

»Hast du eigentlich deine Hängematte schon geflickt?« fragte ich John.

John schüttelte den Kopf. »Der Segelmacher hatte keinen passenden Strick heute morgen«, sagte er dann und zog ein Paket Karten aus der Tasche, »ich muß nachher noch mal zu ihm hin.« Er mischte und teilte aus. Ich sah in der Zwischenzeit durch die Speigatten und stellte fest, daß die Algen wieder von uns abgedriftet waren. Nach einer Weile warf der Doktor einen ärgerlichen Blick zu uns herüber. »Wenn ihr schon unbedingt die ganze Zeit reden müßt, dann bitte richtig, und murmelt nicht so vor euch hin.«

Wir sahen uns verblüfft an. »Wir haben nicht gemurmelt, Sir«, gab John zur Antwort. Der Doktor zog mit einem Schwung die Angel zurück, löste den Fisch vom Haken und warf ihn in den Eimer, der neben ihm stand. Und im gleichen Augenblick hörten wir es auch – ein leises Murmeln, das anschwoll, herabsank zu einem Flüstern und schließlich wieder verebbte.

Mr. Bryan legte die Angel zur Seite, nahm den Fisch wieder aus dem Wasser und schlitzte ihm mit einem raschen Schnitt den Bauch auf, die Eingeweide warf er über Bord. Dann hielt er die Angel vor die Augen und bog die verbogene Spitze gerade. »Ich freue mich schon, wenn ich mal wieder in anständigem Wasser angeln kann«, sagte er dann.

»Am Mersey?« fragte John.

Der Doktor hob lauschend den Kopf, Kitty sah von ihrem Buch auf. »Sie beten«, sagte sie dann. Aber Mr. Bryan schaute nicht zu ihr hinüber, sondern erhob sich rasch. »Wollen Sie sie etwa daran hindern«, sagte Kitty empört, als sie sah, wie der Doktor mit raschen Schritten zum Niedergang lief. Aber Mr. Bryan drehte sich nicht um, er machte uns nur durch eine Handbewegung klar, daß wir folgen sollten. An der Treppe blieben wir alle stehen und horchten. Die Wachen schlenderten zu uns herüber und stellten sich neben uns.

»Sie beten«, sagte der eine, »das dürfen sie doch, nicht wahr, Sir?«

»So sicher wäre ich da gar nicht, wenn Dr. Bryan darüber zu verfügen hätte«, spottete Kitty, »mich würde nicht wundern, wenn er da auch noch hineinredete.«

Inzwischen war das Murmeln wieder lauter geworden. Englische Wortfetzen wechselten mit der Sprache der Eingeborenen, dazwischen wurde gesungen, bisweilen kam höhnisches Gelächter auf. Ich blickte Mr. Bryan an und sah, wie ihm die Schweißtropfen auf die Stirn traten. Die Wachen senkten drohend die Flinten. »Soll ich den Käpt'n rufen?«

»Können Sie verstehen, was sie sagen?« fragte der 2. Maat. Der Doktor wischte sich mit der Hand über die Stirn und nickte. »Darum denket daran, daß ihr Heiden gewesen seid«, sagte er leise, »daher ihr keine Hoffnung hattet und waret ohne Gott in der Welt.« Kettengerassel verschlang die nächsten Worte. »Nun aber seid ihr, die ihr in Christu Jesu seid und weiland ferne gewesen, nahe geworden durch das Blut Christi«, fuhr der Doktor fort.

Kittys Finger krampften sich um ihre Häkelarbeit, die Wachen standen zum Sprung bereit.

»– der aus beiden eines hat gemacht und hat abgebrochen den Zaun, der dazwischen war –« übersetzte Dr. Bryan mit monotoner Stimme, »auf daß er aus zweien einen neuen Menschen in ihm selber schuf –« Eine Pause trat ein, dann schwoll das Gemurmel an, steigerte sich, so daß das Schiff zu dröhnen begann. »So seid ihr nun nicht mehr Gäste und Fremdlinge, sondern Bürger mit den Heiligen und Gottes Hausgenossen –«

»Gottes Hausgenossen«, echote die Menge, »Gottes Hausgenossen.«

»Zum heiligen Tempel im Herrn, auf welchem auch ihr mit erbauet werdet zu einer Behausung Gottes im Geist –«

»– mit erbauet werdet«, schrien die einen.

»– Gottes Hausgenossen –« die anderen, die Ketten klirrten dazu im Takt.

Inzwischen lief nicht nur dem Doktor der Schweiß herunter, Kitty stand da, ohne sich zu rühren, John schob seine Hand in meine. »Brechen sie jetzt los?« fragte er ängstlich.

»Wir werden ihnen schon das Maul stopfen«, sagte der eine der Matrosen grimmig und schickte sich an, die Treppe hinunterzusteigen. Der Doktor hielt ihn zurück. »Wir können nicht vierhundert Leute auspeitschen lassen«, sagte er, »und im übrigen«, er blickte in die Runde, »wer von uns hat es denn wirklich richtig verstanden? Ich habe es übersetzt.«

»Ob richtig oder unrichtig«, sagte Kitty außer sich, »auf jeden Fall gehört ihnen die Peitsche.«

Der Doktor kniff die Augen zusammen. »Sie haben das Evangelium auswendig gelernt, ist das etwa ein Verbrechen, wenn sie Christen sind?«

»Sie haben die Bibel verhöhnt«, sagte Kitty zitternd, »es war der Paulusbrief an die Galater.«

»An die Epheser, Gnädigste«, sagte der Doktor mit einer kleinen Verbeugung. »Und im übrigen verdanken Sie Ihr Wissen meiner schlechten Übersetzung, die ohnehin nur bruchstückhaft war.«

Drunten war es inzwischen still geworden, nur die Ketten klirrten noch, aber sie klirrten nicht mehr im Takt.

»Ich frage mich, wer ihnen das beigebracht hat«, sagte der 2. Maat, der inzwischen dazugekommen war.

Dr. Bryan zuckte mit den Schultern. »Wer wohl schon anders als der Missionar, der sie bekehrt hat – oder?«

»Es sind nicht alle bekehrt«, sagte Kitty. »Egbo zum Beispiel wird es nie werden.«

»Egbo«, murmelte der Maat vor sich hin, »Egbo, wenn ich nur schon seinen Namen höre. Erst den Trichter und dann immer noch aufsässig.«

Drunten war es inzwischen still geworden, selbst das Rasseln der Ketten hatte aufgehört. Dann war plötzlich ein leises Klopfen zu hören und die eindringliche Stimme Hamiltons, der sich in kurzer Zeit das Vertrauen der Schwarzen erworben hatte und als deren Sprecher galt. »Hamilton will den Master sprechen.«

»Der Master ist krank«, sagte die Wache, ohne die Tür zu öffnen.

»Hamilton will Master aber sprechen«, sagte Hamilton weinerlich.

Der Matrose schaute fragend zum 2. Maat hinüber, der den Kopf schüttelte. »Der Master will nicht gestört werden, verstehst du das endlich?« sagte die Wache barsch. Kitty hatte inzwischen ihre Häkelarbeit wieder unter den Arm geklemmt und wandte sich zum Gehen. »Vielleicht wollten sie wirklich nur beten. Was sollten sie auch schon wollen? Eine Herde Wilder gegen uns, die wir alle Waffen haben. Das würden sie doch nie wagen. Und überhaupt, was würden sie schon dabei gewinnen?«

Ich glaube, es war nicht nur Mr. Bryan, der ihr zweifelnd nachsah. »Gewinnen«, der Doktor lachte auf, »als ob's hier noch ums Gewinnen ginge. Ich habe schon Nigger erlebt, die wollten nichts als den Tod, das war ihnen lieber, als nur einen Tag noch länger diese Qualen zu erleiden!«

Als ich mich hinterher an Hamiltons Stimme erinnerte, wunderte ich mich, wie wir nur alle so blind gewesen sein konnten. Daß niemand von uns auf die Idee gekommen war, daß dies alles doch wohl mehr war als nur beten. Daß es nur das Vorspiel war zu dem, was später kam. Aber natürlich wußte bis zu diesem Zeitpunkt niemand von uns, nicht einmal Dr. Bryan, daß mein Vater einen Spynigger an Bord hatte und dies nicht zum ersten Mal!

An diesem Tage geschah jedoch nichts mehr. Auch die folgenden vergingen, ohne daß irgend etwas darauf hindeutete, daß es sich bei dieser Szene nur um den Auftakt handelte. Mein Vater erfuhr von der Sache überhaupt erst, als er wieder gesund war und die wirkliche Meuterei ausbrach. Sie traf uns an einem Punkt, der nicht ungünstiger hätte sein können – zehn der Männer lagen seit einer Woche mit Dysenterie auf der Krankenstation, zwei waren an diesem Morgen mit Lenzen beschäftigt, und die übrigen saßen gerade beim Frühstück. Später ließ sich nicht mehr feststellen, wer die Waffenkiste offengelassen hatte, oder wie die Sklaven zu den Waffen gekommen waren. Der Quartermeister schwor Stein und Bein, daß er sie zugemacht habe, der 1. Maat bekräftigte es. Also blieb nur die Möglichkeit, daß von der Mannschaft irgendwer mit den Sklaven unter einer Decke steckte. Aber das wollte mein Vater schon gar nicht glauben, auch wenn er wußte, daß William und einige andere, die wegen ihrer Nachlässigkeit die neunschwänzige Katze schon einige Male zu spüren bekommen hatten, dem Käpt'n sehr wohl eins auswischen wollten.

Tatsache war, daß der Aufstand über uns hereinbrach wie ein Sturmgewitter. Kitty Robinson blieb nicht einmal Zeit, ihr Riechfläschchen hervorzuziehen, als der Lärm oben losging. Mr. Hudson ließ die Teekanne fallen, als alle aufsprangen und zur Tür rannten. Mein Vater und die Offiziere griffen zu den Pistolen, die in der Kabine griffbereit lagen. Ich versuchte mich an den Männern vorbeizudrängen und aufs Poopdeck zu gelangen, um die Schiffsglocke anzuschlagen, wie mir mein Vater noch zugerufen hatte. Aber die Masse der Schwarzen drängte sich uns bereits an der Treppe entgegen. Sie kamen von überall her. Sie überfluteten das Vorderkastell, das Hauptdeck. In den Händen hatten sie ihre Fesseln als Waffen, manche trugen auch Flinten. Die beiden Wachen lagen am Fuße des Segelkastens in einer Blutlache.

Ich weiß nicht, wie diese Meuterei geendet hätte, wäre John nicht gewesen. Er hatte just zu dieser Zeit eine Strafe abzusitzen und befand sich hoch über uns im Ausguck. Als er das Gewimmel unter sich sah, die Schwarzen und die bereits eingekreisten Offiziere, nahm er das Sprachrohr und schrie ein kräftiges »Land in Sicht« nach unten. Zunächst kam er nicht durch in dem Geschrei, aber dann starrten einige nach oben und dann luvwärts, weil wir dort Barbados erwarteten. Aber John hatte nicht umsonst den Namen Schlitzohr bei uns bekommen. Er ließ die Nigger für einige Sekunden luvwärts starren, dann schrie er vollhals: »Land in Lee, Land in Lee.«

Die Schwarzen rannten kopflos von Steuerbord nach Backbord, und genau diese eine Minute genügte, um uns eine Bresche zu Egbo hindurchzuschlagen, der einzige, der weder luv- noch leewärts starrte, sondern den Finger bereits am Abzug seiner Flinte hatte. Als zwei unserer Leute sich von hinten auf ihn warfen, so daß der Schuß nach der Seite losging, erhob sich ein Schreckensgeschrei und die Masse der Schwarzen warf die Fesseln zu Boden und flüchtete in die Lagerräume hinunter. Als die Offiziere einige Minuten später das Zwischendeck betraten, saßen sie zitternd in ihren Sandmulden und streckten die Hände entgegen.

Die Verluste, die es gegeben hatte, waren nicht groß im Vergleich zu anderen Meutereien, die mein Vater schon miterlebt hatte – drei Schwarze waren getötet worden, unsere beiden Matrosen waren nur verwundet und würden sich wieder erholen. Eines jedoch machte meinen Vater fassungslos – die Leiche Hamiltons, die unsere Leute von unten heraufbrachten.

»Sie haben ihn umgebracht«, sagte er, ich glaube, er sagte es mindestens sechsmal. »Sie haben ihn umgebracht, diese vermaledeiten Teufel.«

Wir anderen sahen uns nur an, jemand schielte nach der neunschwänzigen Katze hinüber, die am Achterdeck immer bereit hing für die Fluchenden. Aber ich glaube, mein Vater merkte nicht einmal, was er überhaupt gesagt hatte.

»Seit wann bringen Nigger Nigger um?« fragte ich, als wir abends in der Küche das Essen richteten. »Er war ein Spynigger«, sagte Sam ruhig, »dein Vater hatte ihn mindestens schon auf fünf Reisen als Spion benutzt.«

»Ein Schwarzer verrät Schwarze?« fragte ich entgeistert.

»Verkauft ein Schwarzer Schwarze?« fragte Sam zurück.

In dieser Nacht schlief ich noch schlechter als zuvor. Diesmal waren es nicht die Kakerlaken, die mich aus der Ruhe brachten. Diesmal war es Egbo, den mein Vater hatte hängen lassen, unmittelbar nachdem ein kurzes Gericht stattgefunden hatte. Oben am Bugspriet hatten sie ihn aufgehängt. Da hing er nun und baumelte im Wind.

»Wie lange bleibt er da hängen?« hatte ich gefragt.

»So lange, bis sich die Gemüter beruhigt haben«, sagte der 1. Maat.

»Und wenn das vierzehn Tage dauert?«

»Dann bleibt er vierzehn Tage hängen.«

Mein Vater hatte mich übrigens gezwungen, bei dem Aufknüpfen mit dabeizusein. Offenbar gehörte dies mit zu seinem Konzept meiner Mannbarmachung. Manchmal hatte ich überhaupt den Eindruck, als sei zwischen Initiationsriten, denen die Eingeborenen unterzogen werden, und meinen eigenen kaum ein Unterschied.

Ich glaube, wenn Egbo doch nicht so lange baumeln mußte, bis auch der letzte der Sklaven eingesehen hatte, daß es kein Entkommen gab, so verdankte er dies weniger dem Umstand, daß mein Vater wankelmütig wurde, sondern vielmehr der Tatsache, daß in der Nacht eine starke Brise aufkam. Als unsere Männer die Sprietsegel setzten, störte er, weil er den Leuten ständig ins Gesicht pendelte. Also mußte er weg.

Der andere Morgen brachte uns dann endlich die volle Brise, die wir seit acht Tagen erwarteten. Sie wischte auch sonst vieles hinweg, was die Gemüter beunruhigt hatte. Das Trinkwasser konnte wieder um eine halbe Pinte erhöht werden, weil wir nun hoffen konnten, die Hälfte der Reise hinter uns zu haben. Die Schwarzen waren zahm wie am Anfang, und mein Vater bemühte sich offenbar, nun wieder als der gütige Vater zu erscheinen, der sich um seine Kinder sorgt, nun, da alles Übel abgewendet war. Nur als ich ihn später auf Hamilton ansprach, wurde er wütend: »Meinst du, ich wollte etwa im Suppentopf enden wie schon manch einer, der geglaubt hat, man müsse nur gütig sein, dann ginge alles glatt? Alle haben Spione an Bord, alle. Ich frage mich nur, weshalb ausgerechnet mein Sohn ständig Dinge von mir verlangt, die niemand tut oder hat? Wenn alles gutgeht, geschieht keinem etwas. Und bisher ging immer alles gut, wenn eine Meuterei geplant war, habe ich es erfahren, bevor sie einem die Fesseln über den Schädel hauen.«

»Nur diesmal klappte es nicht«, sagte ich unvorsichtig.

Mein Vater sah mich kurz an, dann hob er mir das Kinn. »Vielleicht wäre es doch besser gewesen, dich in die Wanten zu schicken, als dich den Tisch decken zu lassen, wie das deine Mutter wollte. Und damit diese Reise nicht zu Ende geht, bevor du auch nur einmal oben auf der Großmarssaling warst, wirst du das jetzt tun. Nicht nur zur Strafe, ich denke, daß wir bald Land sehen werden.«

Und so kletterte ich in die Wanten, Großsegel, Großmarssegel, unter dem Großbramsegel machte ich halt. Ich setzte mich bequem auf den Boden der hölzernen Plattform und schaute in die Runde. Als Strafe konnte ich das Ganze jetzt schon nicht mehr empfinden, ich hatte mich noch nie so wohl und glücklich gefühlt, seit ich auf der *Mary Anne* war, als in diesem Augenblick. Drüben auf der Fockmarssaling stand einer der Topgasten auf Wache und hielt Ausschau, tief unter mir war alles so winzig wie in einer Spielzeugschachtel. Ich sah, wie der Zimmermann den ausgelaufenen Teer aus den Dielen kratzte und sie neu kalfaterte. Ich sah, wie die Matrosen mit Eifer das Deck schrubbten, wie Sam mit einem Huhn unter dem Arm von den Ställen kam, und wie Kitty Robinson mit ihrer Häkelarbeit auf der Flaggenkiste saß. Alles war ruhig und friedlich, so, wie wenn nichts gewesen wäre.

Ich blieb zwei Stunden in meiner schwindelnden Höhe sitzen, dann ließ mich mein Vater durch das Megaphon zurückrufen. Ich kletterte die Takelung hinab, sah, wie Mr. Bryan den Niedergang heraufkam und Kitty daraufhin ihre Handarbeit zusammenpackte. Yamba sah ich nicht. Auch die nächsten Tage über bekam ich sie kaum zu Gesicht. Als ich Sam nach ihr fragte, zuckte er nur mit den Schultern.

»Das wird nicht gutgehen auf die Dauer«, sagte er dann. »Sie ißt kaum mehr etwas, sitzt nur noch teilnahmslos vor des Doktors Kabine, und reden tut sie auch nur noch mit ihm. Ihre Lieder werden immer trauriger, sie erzählt nicht mehr, sie tanzt nicht mehr, manchmal habe ich den Eindruck, sie ist überhaupt nicht mehr richtig da.«

Als ich mit Mr. Hudson darüber gesprochen hatte, bemühte er sich um Yamba. Er las ihr aus der Bibel vor, sang mit ihr unsere Psalmen, und eines Tages geschah für mich das Ungeheuerliche – Yamba bat um die Taufe. Mein Vater vollzog sie, feierlich und pflichtbewußt zugleich. Ich hätte nur gerne gewußt, ob Yamba dadurch an eine andere Stelle bei ihm gerückt war. Nun, da er selber eine Christin aus ihr gemacht hatte.

Von da ab schien Yamba wieder etwas aufzuleben. Sie ließ sich stolz mit ihrem neuen Namen, Elisabeth, rufen und lächelte nachsichtig, wenn Mr. Bryan sie störrisch weiterhin Yamba nannte. Als Sam ihn einmal darauf ansprach, als er gerade in der Kombüse war, schaute er kaum hoch. »Was ist schon ein anderer Name? Ist sie etwa dadurch ein neuer Mensch geworden? Was bedeutet das schon? Bekäme sie etwa deswegen mehr

Essen, wenn sie nicht zufällig mein Eigentum, sondern das des Käpt'ns wäre?«

Aber für Yamba schien der neue Name doch etwas zu bedeuten, auch wenn sich rein äußerlich nichts für sie änderte. Sie schloß sich nicht mehr von den anderen ab wie nach dem Tod Egbos, sondern ließ sich sogar mit Kitty in Gespräche ein, obwohl sie das sonst immer vermieden hatte. Und Kitty tat eines Tages etwas, was niemand zuvor für möglich gehalten hätte – sie arbeitete. Ich weiß nicht, wie sie überhaupt auf die Idee gekommen war. Sam erzählte später, sie habe sie im Liverpool Saturday's Observer gefunden. Da seien Ladies gesucht worden, die die Sprache der Eingeborenen konnten, um auf den Sklavenschiffen zu dolmetschen. Und so versuchte Kitty zunächst einmal, diese Sprache zu lernen. Sie setzte sich mit Yamba auf die Brassen der Fockmastrahen, weil sie da am wenigsten störten, und ließ sich dann Wort für Wort sagen. Sie deutete auf die Nase, den Mund, die Augen, und Yamba lachte bisweilen hell auf beim Wiederholen der Worte und ließ sie Kitty so lange wiederholen, bis sie für ihre Ohren richtig klangen.

Ich hatte den Eindruck, daß sich Yamba auf diese tägliche Arbeit freute. Sie saß bereits auf ihrer Taurolle, wenn Kitty noch beim Frühstück war, und sie las die Worte, die Kitty in ein Heft hineingeschrieben hatte, leise vor sich hin. Da sie und ihr Bruder bereits in Afrika einige Englischbrocken gelernt hatten, holte sie Kitty bald ein, und so war es hier umgekehrt wie sonst – Yamba wurde die Lehrerin. So sehr diese Arbeit also wohl beiden Freude machte, eine Gefahr barg sie jedoch auch – Yamba begann zu fragen. Nicht nur, was Haare, Mund und Auge hieß, sondern später, als der Unterricht fortschritt, auch anderes. Vor allen Dingen über die Zukunft, die ihr bevorstand. Wo der Doktor sie hinbringe, wo sie leben würde, ob sie später zu ihrer Familie zurückkönne. Und Kitty antwortete. Da sie nicht bei jeder Frage, die Mr. Bryan betraf, zu ihm gehen wollte, erzählte sie eben das, was sie für möglich hielt. Oder sie gab Yamba den Rat, den Doktor zu fragen. Aber Yamba fragte den Doktor nicht. Sie glaubte das, was Kitty ihr erzählte.

Später, als Yamba tot war, gab Mr. Bryan auch Kitty Mitschuld an diesem Tod. Sie habe durch ihre Antworten das Mädchen in den Selbstmord getrieben, sie habe ihr die Ausweglosigkeit ihrer Situation erst zum Bewußtsein gebracht.

»Das einzige, was sie wirklich besaß, ihre Sprache, mußten Sie ihr auch noch nehmen! Was wollten Sie eigentlich mit ihr, dieser Sprache? Etwa einen Beruf aufbauen? Oder was sonst? Sie konnten sie zu nichts gebrauchen, diese Sprache, es war nur Spielerei für Sie. Sie werden nie wieder solch ein Schiff betreten, das wissen Sie. Sie haben sie umgebracht.« Sein Schreien hörte man fast über das ganze Schiff, und ich glaube, es gab niemanden, der darüber nicht den Kopf geschüttelt hätte. Denn niemand glaubte, daß es so gewesen war. Wie es wirklich geschehen war, ließ sich nie feststellen, denn Yamba war eines Nachts verschwunden. So, als hätte sie sich in Luft aufgelöst.

»Wir haben nur ein Aufklatschen gehört«, verteidigten sich die Wachen, »aber da außer uns niemand an Deck war, nahmen wir an, es sei ein fliegender Fisch.«

»Ein fliegender Fisch«, höhnte der Doktor, »als ob ein fliegender Fisch das gleiche Geräusch macht wie ein Mensch. Nur eine Landratte kann so einen Blödsinn glauben.«

»Sie kann nur an dieser Stelle über Bord gegangen sein«, sagte der 1. Maat und deutete auf die Luvreling, an der ein Stück Geländer fehlte, »ich habe es gestern schon dem Zimmermann gesagt, aber der mußte unten im Zwischendeck eine der Schotten reparieren.«

So fiel der Zimmermann also mit unter die Leute, die schuld an Yambas Tod gewesen sein sollten, und die Mr. Bryan in den nächsten Tagen einfach übersah oder schlecht behandelte.

Für meinen Vater war Yamba natürlich ein Sklave wie jeder andere auch. Da sie nicht mehr zu seinem Eigentum gehörte, war sein Interesse noch weniger stark. Und so war das, was er zu Mr. Bryan sagte, wohl auch nicht gerade das Taktvollste.

»Sie hätte Ihnen mindestens 20 Junge geworfen, 20 oder auch mehr, wenn sie mal voll im Saft gestanden hätte.«

»Ich wollte sie nicht zur Zucht verwenden wie eine Stute, Sir«, sagte Dr. Bryan grob.

»Taugte sie etwa nicht dazu?« fragte mein Vater mißtrauisch.

Mr. Bryans Stirnader schwoll an. »Ich habe es nicht ausprobiert, Sir«, brachte er schließlich hervor, »falls Sie es übersehen haben sollten, sie war noch ein Kind.«

Ich kannte viele Gesichter meines Vaters, dieses jedoch noch nicht. Es drückte Unglauben aus, absolutes Unverständnis und Spott zugleich.

»Sie haben sie nicht . . .«

»Nein, ich habe sie nicht«, unterbrach ihn der Doktor, »auch wenn Sie es mir nicht glauben werden. Auch wenn ich acht Becher Whisky in mir habe, vergreife ich mich nicht an Kindern.«

Das Gespräch, falls man es so nennen konnte, fand an Deck statt, und ich sehe noch heute Kitty stehen, mit dem Rücken zu den Streitenden. Ich stand seitlich von ihr und hämmerte gerade an den Belegnägeln im vorderen Schanzkleid der Back, die sich gelockert hatten. Ich konnte ihr Gesicht sehen, in dem sich bei den letzten Sätzen Dr. Bryans Erleichterung spiegelte. Damals verstand ich dieses Gesicht nicht ganz. Jetzt, nachdem die Reise beendet ist, wird mir klar, weshalb sie damals so aussah.

Yamba wurde in die Totenlisten eingetragen, genauso wie die anderen auch, die vor ihr gegangen waren – es waren 26 inzwischen. Dr. Bryan lief mit steinernem Gesicht herum. Die ersten Tage aß er nicht mehr mit uns am Tisch, was meinen Vater fast zur Weißglut brachte, später, als er sich wieder in unsere Gemeinschaft einfügte, hörte ich ihn oft laut reden in seiner Kabine. Einmal, als die Tür offenstand, es war schon spät am Abend, winkte er mich zu sich herein. Er hatte eine Flasche mit Wein vor sich stehen und ein Glas, das halb voll war. Er schob es zu mir herüber und sagte: »Trink, Bruder, trink.«

Ich blickte ihn verblüfft an. Nicht gerade wegen des Glases, das er mir entgegenhielt, sondern weil ich genau wußte, was mein Vater sagen würde, wenn er mich hier mit einem Weinglas in der Hand entdeckte.

»Du willst nicht mit mir aus einem Glas trinken, stimmt's?«, fragte er mit schwerer Stimme, als ich mich nicht rührte.

Ich schüttelte hastig den Kopf. »Es ist nicht das Glas, Sir.«

»Nicht das Glas, Sir? Was ist es dann, wenn es nicht das Glas ist?« Er starrte mich an, dann zog er den Becher zurück, hob ihn gegen den Schein der Lampe und ließ den Wein darin kreisen. Als draußen Schritte zu hören waren, erhob er sich mit einer Geschwindigkeit, die ich ihm in diesem Zustand nicht mehr zugetraut hätte.

»Vielleicht trinken Sie mit mir, Ma'am«, sagte er und riß die Tür weit auf, so daß ich fast über seine Kiste stolperte.

»Vielleicht trinkt Madam mit mir aus einem Glas«, wiederholte er dann und streckte Kitty die Hand entgegen, »nicht wahr, das tun Sie doch?«

Kitty war stehengeblieben und starrte auf den Becher, der jetzt wieder zu kreisen begann. »Oder sind Sie etwa auch zu jung, oder zu vornehm, oder trinken Sie am Ende überhaupt nicht – oder?«

Wenn uns jemand so gesehen hätte, Kitty und ich erstarrt und ohne uns zu rühren, der Doktor mit seinem Glas in der Hand, das vor unseren Augen hin- und herkreiste, er hätte uns sicher allesamt für verrückt erklärt. »Es ist wichtig für mich, hörst du, Yamba«, sagte er dann drängend und schaute Kitty dabei beschwörend an, »ich muß es einfach wissen, ob du mit mir aus einem Glas trinkst.«

Aber Kitty war offenbar genauso unfähig etwas zu tun wie ich, sie konnte nicht einmal weglaufen, was ich am liebsten getan hätte. Ich weiß nicht, wie lange wir so standen. Schließlich ließ der Doktor den Becher langsam sinken, so weit, daß die Flüssigkeit zu schwappen begann. Er senkte den Kopf, wiegte ihn ein wenig hin und her, als wolle er tanzen, dann kippte er das Glas ganz langsam auf den Boden. Es mußte ein schwerer Südwein gewesen sein, denn das Rot, das sich langsam auf dem Boden ausbreitete, war dunkel und ölig. Wir starrten so lange, bis auch der letzte Tropfen langsam zwischen den Schiffsplanken versickerte. Dann hob der Doktor den Blick, der inzwischen noch verschleierter geworden war, und sah uns an. Erst Kitty, dann mich und wieder Kitty.

»Schade«, sagte er dann, »schade, Yamba hätte mit mir aus einem Glas getrunken, auch zu der Zeit schon, als sie noch nicht Gottes Hausgenossin war.« Er stockte, dann lachte er plötzlich, daß es uns kalt über den Rücken lief. »Gottes Hausgenossin«, er begann sich auf die Schenkel zu klopfen und drehte sich im Kreis, »Gottes Hausgenossin, Gottes Hausgenossin, wie wunderbar, daß sie das war.« Er drehte sich rascher, dann hielt er inne und starrte uns an. »Sie war doch kein Fremdling mehr, oder«, sagte er plötzlich mit veränderter Stimme. »Sie war doch bestimmt kein Fremdling mehr, oder, oder, oder?« Er beugte sich vor, so daß uns sein Alkoholduft wie eine steife Brise traf – ich rechnete es Kitty hoch an, daß sie nicht zurückwich. Wir sahen uns an, Kitty und ich, und ich glaube, wir dachten beide das gleiche. Ich ging zur Tür, aber der Doktor hielt mich zurück.

»Sie brauchen niemanden zu holen«, sagte er dann leise und stapfte zu seiner Koje. »Sie brauchen wirklich keinen zu bemühen, Madam, hören Sie? Und Sie auch nicht, Sir. Es geht mir schon wieder besser.« Er ließ sich auf das Bett fallen und winkte uns hinaus. Als wir drei Schritte von seiner Tür entfernt waren, hörten wir ihn wieder lachen, laut und hemmungslos. »Gottes Hausgenossin! O Gott, o Gott, o Gott!«

Ich weiß nicht, ob der Doktor am nächsten Tag überhaupt noch eine Erinnerung hatte an diesen Abend. Falls er sie hatte, ließ er es sich nicht anmerken. Und ich hatte fast den Eindruck, daß er sich bemühe, um uns bemühe, sogar um Kitty. Als er sie eines Abends mit den Offizieren beim Pokern sah, setzte er sich dazu und spielte mit. Er spielte gut, und ich glaube, ich sah ihn auf der ganzen Reise nie so vergnügt wie in diesen Stunden. Ich beobachtete Kitty dabei, wie sie ihn ansah, wenn sie sich unbeobachtet glaubte. Einmal sagte sie sogar: »Ich wußte gar nicht, daß Sie lachen können.«

Der Doktor schnitt eine Grimasse. »Sie wissen vieles nicht. Genaugenommen alles.«

Aber offenbar war Dr. Bryans gute Laune nur ein Strohfeuer, denn schon drei Tage später geschah wieder etwas, und dies, nachdem mein Vater am gleichen Morgen zum 1. Maat gesagt hatte: »Wenn jetzt noch das Geringste passiert, setze ich ihn in Barbados an Land.«

»Er ist ein guter Arzt«, wagte der 1. Maat einzuwenden.

»Trotzdem. Er wird nicht der einzige sein, den ich haben kann.«

Es geschah beim Pokern, und ich weiß nicht genau, was vorweg geschah. Sam erzählte später, daß einige der Sklaven nicht rasch genug in die Laderäume hinabgestiegen seien und die Wachen sie deshalb gepeitscht hätten. Francis sagte, die vereiterten Striemen auf dem Rücken einer schwangeren Frau hätten ihn wütend gemacht. Tatsache ist, daß er sich bereits mit verkniffenem Gesicht an den Pokertisch setzte und seinen Einsatz, ohne recht hinzusehen, in den Topf warf. Das erste Spiel gewann der Zahlmeister Mr. Clark, das zweite Kitty, die pokerte, obwohl sie vermutlich hätte passen müssen. Beim dritten schieden der 1. Maat und der Zahlmeister gleich aus, und der Doktor sah, daß er nur ein Paar hatte, nicht gerade viel, um ein Spiel zu gewinnen. Kitty nahm eine Karte hoch, legte ein Geldstück in den Topf und sagte lächelnd: »Ich erhöhe.«

Der Doktor sah auf und erhöhte ebenfalls. »Diesmal werden Sie mich nicht bluffen.«

»Ich halte«, sagte Kitty und legte die gleiche Summe in die Kasse.

Mr. Bryan schaute sie an.

»Die kriegen Sie nicht so leicht unter«, sagte der 1. Maat grinsend, »die hat Mut.«

Dr. Bryan ließ die Karten langsam sinken und blickte hoch. »Mut, was verstehen Sie schon davon?« sagte er dann.

»Mein Gott, Doktor, nehmen Sie doch nicht alles so wörtlich«, besänftigte Mr. Clark, »das ist doch ein Spiel, mehr nicht.«

»Ich erhöhe«, sagte Mr. Bryan grimmig.

»Und ich halte«, sagte Kitty, noch immer lächelnd.

»Na schön, dann halten Sie eben bis in alle Ewigkeit«, rief der Doktor unbeherrscht und warf seine Karten aufgedeckt auf den Tisch, »aber wenn das Mut war, was Sie vorhin gezeigt haben, dann würde ich Ihnen gerne sagen, was ich darunter verstehe.«

Kitty kippte den Inhalt der Kasse langsam vor sich hin und sah auf.

»Und was verstehen Sie darunter?«

Mr. Bryan erhob sich abrupt und griff Kitty beim Arm. »Kommen Sie mit«, sagte er dann heiser, während er eine Lampe von der Wand nahm.

Mr. Clark stand hastig auf. »Was haben Sie denn vor, Doktor, es war doch ein Spiel?«

Kitty schüttelte die Hand von ihrem Arm. »Lassen Sie nur, ich gehe auch so mit zu Ihrer Mutprobe. Sie brauchen mich dazu nicht zu zerren.«

Dr. Bryan stieß die Tür auf und stampfte vor ihr die Treppe hinauf. »Genießen Sie die Luft«, befahl er, als sie oben waren, »sie ist gut heute«, hörten wir ihn sagen.

Die Offiziere schauten sich an. »Bringt er sie jetzt um?« sagte Mr. Clark zweifelnd.

Der 1. Maat schüttelte den Kopf. »Er will ihr etwas zeigen«, sagte er dann langsam, »und ich kann mir sogar vorstellen, was.«

»Soll ich meinen Vater wecken?« fragte ich, weil ich mir nicht vorstellen konnte, was Mr. Bryan nun schon wieder vorhatte.

Der 1. Maat erhob sich. »Lauf ihnen nach. Wenn er es zu toll treibt, kommst du wieder zurück.«

Ich starrte ihn einen Augenblick an, ohne zu verstehen, was er meinte, dann lief ich den beiden nach. Am Eingang zu den Laderampen holte ich sie ein. Mr. Bryans Hand hatte sich inzwischen wieder um Kittys Arm gelegt, mir schien sie wie ein Schraubstock zu sein. Aber Kitty wehrte sich nicht mehr. Ihr Gesicht wirkte starr und grob im flackernden Licht, so, als sei es von einem Bildhauerlehrling erst vorgehauen und bedürfe noch der feinen Hand des Meisters. Ich glaube, mich sahen sie gar nicht. Und wenn sie mich gesehen hätten, wäre es ihnen sicher gleichgültig gewesen. Mir schien es, als seien sie wie in einen Kokon eingesponnen, in einen Kokon voller Haß, Gift und noch etwas, von dem ich nichts verstand und das weit abseits lag. Tante Fanny würde vielleicht gefragt haben: ›Hat sie ihn

überhaupt nicht angeschaut?‹ ›Nein sie hat ihn nicht angeschaut.‹ ›Hat sie sich wirklich nicht gewehrt?‹ ›Nein, sie hat
sich nicht gewehrt.‹

Kitty wehrte sich wirklich nicht. Wie in Trance stieg sie die
Treppen hinunter, eine nach der anderen, es waren vier. Der
Doktor hielt die Lampe, die nur undeutlich die schmalen Stufen beleuchtete. Die frische Brise, die uns oben noch umspült
hatte, hatte sich längst in einen zähen Brei aus Schweiß, Urin
und nassem Sand verwandelt – sie war dick zum Schneiden und
umgab uns wie einen Mantel aus Watte oder Nebel. Für einen
Augenblick fiel mir der Liverpooler Nebel an frühen Herbstta-
gen ein. Aber dann merkte ich, daß der Vergleich hinkte. In der
Luft bei uns zu Hause, so dick sie auch sein mochte, konnte
man atmen. In dieser hier nicht mehr, je tiefer wir stiegen.
Noch immer lag der Griff des Doktors auf Kittys Arm, erst als
wir die Männer-Plattform erreichten, ließ er sie los. »Wenn die
See weniger rauh ist, sind die Bullaugen offen«, sagte er.
»Reicht Ihr Mut auch noch bis zum untersten Deck?«

Kitty stöhnte – ich würde gerne sagen – ›in die Stille hinein‹ –
aber es gab keine Stille hier unten, obwohl es Nacht war. In der
Schule hatten wir einst gelernt, Dinge genau zu beschreiben,
ich glaube, daß mir das immer Spaß gemacht hatte, auch wenn
ich manchmal einige Minuten brauchte, um die richtigen
Worte zu finden. Hier unten, nachdem der Doktor die Luke
zum Abstieg geöffnet hatte, brauchte ich keine Zeit zum Überlegen. Plötzlich sah, hörte und roch ich gleichzeitig. Ich hätte
genau das Gesicht der Frau beschreiben können, die neben der
Treppe lag, ihre vor Angst geweiteten Augen, ich hätte diese
Augen vergleichen können mit irgendwelchen Tieraugen, ich
hätte gewiß eine Heftseite über nichts anderes schreiben können, als nur über diese Frau und ihr weinendes Kind, das sie
bittend dem Doktor entgegenhielt. Oder über die Reihe der
Mädchen, die wie Fische in einer Dose ineinandergeschachtelt
schliefen, weil nicht mehr Platz da war. Oder über die zitternde
Alte, die mit ihren dürren Händen zu tasten begann, als sich
neben ihr jemand umdrehte.

Der Doktor ließ die Lampe über die schwitzenden Körper gleiten, dann gab er sie Kitty, die mit versteinertem Gesicht hinter ihm stand. Er schob den Verband eines Säuglings wieder in die richtige Lage und strich dem Kind über die feuchtheiße Stirn. Dann befahl er Kitty, mitzukommen. Er stieg zwischen den Frauen hindurch, an einer Bretterwand vorbei, hinter der die Jungen lagen, dann waren wir im Männerraum. Der Doktor blieb stehen und leuchtete in eine Ecke unter einen dicken Balken. Zwei Männer waren mit den Füßen aneinandergekettet, der eine atmete ruhig, der andere lag in einer seltsam starren Haltung da. Der Doktor kletterte über die aufgeschreckten Gestalten und beugte sich über den starren Mann. Er fühlte seinen Puls, zog das Augenlid nach oben, dann schloß er ihm die Augen. Kitty schrie auf und stellte die Lampe auf den Boden. Mir wurde schlecht, und ich kroch die vier Treppen wieder hinauf. Kitty kam einen Augenblick später heraufgewankt, die Hand vor dem Mund. Sie beugte sich über die Reling, und ich glaube, es brauchte einige Minuten, bis ihr Körper mit Schütteln aufhörte.

Mr. Bryan hatte inzwischen offenbar seine Befehle an die Wachen weitergegeben, denn einige Zeit später hörten wir das Hochzerren eines Gegenstandes und dann das Aufklatschen eines Körpers auf dem Wasser. Kitty zuckte zusammen und begann zu schwanken. Ich sprang zu ihr hinüber und half ihr auf dem schaukelnden Schiff zu ihrer Kabine hinunter. Sie nahm meinen Arm, wobei sie sicher nicht einmal merkte, ob es sich um einen Arm handelte oder um ein Stück Seil, geschweige denn, ob es mein Arm war oder der des Arztes. Und mir war klar, daß der Satz, den ein Abgeordneter einmal vor dem Parlament gesagt hatte: ›Nur eine Minute in den Lagerräumen für Sie alle würde uns stundenlange Debatten ersparen‹, hier seine Gültigkeit hatte.

Ich weiß nicht, weshalb mein Vater nichts von dieser Mutprobe erfuhr. Ich weiß auch nicht, was Doktor Bryan sich davon erwartet hatte. Eine Sinnesänderung von Kitty etwa? Oder hatte er lediglich seinen Rachegelüsten frönen wollen, wegen der verlorenen Partie Poker, oder es war nur noch sinnlose Quälerei, für die es gar keinen Grund mehr gab? Ich verstand ihn wirklich nicht mehr. Nicht einmal an der Stelle, an der sein wahres Gesicht offen lag, gelang es mir, es zu verstehen.

Es war am übernächsten Abend, gerade nachdem der Ausguckposten, der in der Großbramsaling hockte, sein »Land in Sicht« zu uns heruntergeschrien hatte. Mein Vater stand an der Heckreling und schaute mit seinem Teleskop auf den schmalen Streifen Land, der soeben über der Kimm erschien.

»Barbados in Lee!« schrie der Posten.

Mein Vater ließ beidrehen, da es zu spät war, noch an diesem Abend in den Hafen einzulaufen.

Wir anderen, die wir gerade nichts zu tun hatten, standen an der Leereling und schauten zu der Küste hinüber.

»Barbados, wie das klingt«, sagte Francis aufgeregt, »so wie wenn man für immer dort bleiben möchte.«

Mr. Hudson klopfte ihm auf die Schulter. »Das haben schon viele gesagt, und doch waren sie nachher froh, wenn sie den Mersey wiedersahen.«

Mr. Bryans Hände umkrampften die eiserne Stange, und ich spürte, wie er versuchte, das Zittern seiner Finger zu meistern.

»Ich werde das Schiff in Barbados verlassen«, sagte er gerade in dem Augenblick, als Kitty hinter uns vorüberging. Es war unklar, zu wem er es sagte. Zu mir und Francis ganz sicher nicht, mit Mr. Hudson war er nicht vertraut genug, um ihm jetzt hier so einfach zu erklären, daß er das Schiff verlassen wolle, und Kitty hatte er nicht sehen können.

Unter uns sprang ein Fisch aus dem Wasser und plumpste wieder zurück, hinter uns auf dem Achterschiff pfiff John wie üblich eine falsche Melodie.

»Und warum?« fragte Kitty jetzt, die stehengeblieben war.

Der Doktor zerdrückte ein Insekt auf seinem Gesicht, wandte sich halb um und sagte dann achselzuckend: »Vielleicht, weil ich es noch einmal mit dem Schoß der Kirche versuchen möchte.«

Mr. Hudson wiegte den Kopf. »Ich glaube, Sie suchen an der falschen Stelle.«

»Vielleicht«, gab Mr. Bryan zurück, »aber tut das nicht jeder irgendwann einmal?«

»Für irgendwann ist es fast ein bißchen zu spät, meinen Sie nicht auch?«

Mr. Bryan löste seine Hände von der Reling und zog seine Pfeife aus der Brusttasche. »Ich will's noch einmal versuchen«, sagte er dann.

Kitty machte ein paar Schritte, als wolle sie weitergehen, dann blieb sie stehen. »Es hat nur mit Ihnen selbst zu tun, oder?« fragte sie nach einer Weile.

Mr. Bryan begann seinen Tabaksbeutel zu öffnen. »Wie meinen Sie das?«

»Ich meine«, Kitty stockte, »ich meine, es ist nicht meine Gegenwart, die Sie so stört, daß Sie das Schiff verlassen möchten?«

Einen Augenblick hielt Dr. Bryan seinen Beutel hoch und roch an dem Tabak. Dann lachte er. »Wenn Sie ein Kind wären, würde ich Sie jetzt streicheln«, sagte er dann liebenswürdig.

Kitty drehte sich abrupt um und ging zum Poopdeck hinüber, wo mein Vater noch immer seine Kommandos gab.

»Und warum sagen Sie ihr nicht ganz einfach, wie es wirklich ist?« fragte Mr. Hudson.

Der Doktor stopfte verdrießlich seine Pfeife. »Weil es keinen Sinn hat.«

An dieser Stelle überfiel mich das gleiche Gefühl wie schon so oft – ich verstand überhaupt nichts mehr. Einfach gar nichts. Es war, wie wenn sich Mr. Bryan und Mr. Hudson in Kisuaheli unterhielten.

»Würden Sie eigentlich eine Prise aufgeben, wenn Sie sie lediglich mit zwei Neunpfündern beschossen haben und haben 16 davon an Bord?«

»Zum Kuckuck, nein«, sagte der Doktor wütend, »aber eine Prise ist eine Prise und«, er hielt inne, »ich weiß nicht, ob ich überhaupt 16 Kanonen einsetzen will. Ich weiß nicht, ob es sich lohnt.«

Mr. Hudson wiegte den Kopf. »Weiß man das nicht erst hinterher, wenn man es probiert hat?«

Mr. Bryan atmete tief. »Kann sein, aber ich kann mir keine Fehlschläge mehr leisten, verstehen Sie das?«, sagte er dann und streckte Mr. Hudson seine zitternden Hände entgegen.

Eine Weile herrschte Stille, nur aus den Laderäumen drang der eintönige Gesang der Sklaven herauf. »Das ist etwas anderes«, sagte Mr. Hudson schließlich, »bei dieser Entscheidung kann Ihnen natürlich niemand mehr helfen.«

»Eben«, sagte der Doktor und zog wütend an seiner Pfeife, »deswegen will ich ja gehen.«

»Weil Sie vor Ihrer eigenen Entscheidungslosigkeit kapitulieren?«

»Genau deswegen. Und im übrigen glaube ich, daß es inzwischen Zeit ist, nach dem Abendessen zu schauen.«

Am andern Morgen erwachte ich in aller Frühe, noch bevor es in der Kombüse ganz hell wurde. Ich streckte mich in meiner Koje aus, drückte die Strohklumpen meines Schlafsackes auseinander und hatte plötzlich das Gefühl, daß irgend etwas anders war. Erst als ich mich aufstützte und meinen Kopf zu den Bullaugen drehte, merkte ich, daß es die Luft war. Sie roch anders, würziger, sie schien den Duft der Insel zu uns herüberzutragen. Vögel schwirrten in der Luft, eine Libelle ließ sich in der Rundung des Fensters nieder und vibrierte mit den Flügeln. Ich blickte in die anderen Kojen und stellte fest, daß ich der letzte war. Francis kam soeben mit einem Korb voller Holzspäne herein und begann den Ofen zu richten.

»Ich dachte, wir hätten beigedreht«, sagte ich, während ich meine Füße über dem Kojenrand baumeln ließ.

»Seit einer Viertelstunde fahren wir«, sagte Francis und schnitt einen Span mit dem Messer mittendurch.

»Und warum weckt mich niemand?«

»Ich habe dich geweckt, aber du wolltest nichts davon wissen.«

»Und wo ist Sam?«

»Drunten im Magazin. Er sucht nach Zwieback. Da fehlen plötzlich zwei Kisten, hat er gesagt. Aber vielleicht sind sie auch nur verrutscht.«

»Vielleicht haben sie auch ihren Abnehmer gefunden, wie der Rum neulich.«

Francis pustete die Späne an. »Ich möchte wissen, wer sich an rattenzerfressenem Zwieback vergreift. Zum Kuckuck, wer hat nur diese Späne gemacht, die sind einfach alle zu dick!«

»Ich bestimmt nicht, sicher einer von den Landleuten. Vielleicht wieder William. Die können ja nicht mal Holz kleinkriegen.«

»Sind ja auch lauter Gepreßte, da würde ich mich auch nicht anstrengen. Dein Vater will sie jetzt ohnehin entlassen.«

Ich sprang auf den Boden und zog meine Hosen an. »Und fünf Seeleute dazu.«

Francis stellte einen Topf auf den Herd und goß Wasser hinein. »Dann wären wir also etwa zehn weniger. Wie das nur laufen soll?«

»Sputen müßt ihr euch dann endlich, ihr faulen Burschen«, rief Sam, der prustend zur Tür hereinkam, »und vor allen Dingen schauen, die Augen aufhalten.« Er stellte die Kiste mit Zwieback auf den Boden und zog Francis an den Ohren. »Natürlich war noch eine da, die war nur hinter die Bohnensäcke gerutscht. Da muß ohnehin heute gleich Ordnung gemacht werden. Sobald wir an Land sind.«

Ich nahm meine Kleider und schlüpfte hinter ihm vorbei, bevor er auf den Gedanken kommen konnte, mich bei diesem Ordnungmachen einzusetzen.

Um neun Uhr an diesem Morgen erreichten wir die Carlisle Bay. Und Francis hatte recht gehabt – Barbados war so, als müsse man den Rest seines Lebens hier verbringen. Zumindest erschien es mir an diesem Morgen so. Der Hafen mit seinen weißen Schiffen, Schaluppen und Karavellen, Brigantinen und Kuttern, es gab kaum einen Schiffstyp, der hier nicht vertreten war. Und ringsherum das bunte Treiben – Boote mit Gemüse und Obst, die vom Ufer herübergefahren kamen, Händler, die an Bord kamen und ihre Waren anboten. Eine muntere dicke Frau kam das Fallreep heraufgeklettert und bot sich an, unsere Wäsche zu waschen. Der Quartermeister ließ inzwischen die Wasserfässer in die Boote schaffen, um unseren Frischwasservorrat aufzufrischen, und Sam verhandelte lautstark mit einem Mann vor der Kombüse über Hühner, Ochsenfleisch, frisches Brot und Schildkröten. Fast schien es, als habe uns die Insel alle verwandelt, ich hatte die Mannschaft noch nie so aufgeregt gesehen, und selbst unten aus den Laderäumen bei den Sklaven klangen diesmal keine melancholischen Lieder, sondern fröhliche.

Lediglich mein Vater schien eine Ausnahme zu machen. Seit unserer Ankunft lief er mit grimmigem Gesicht vom Poopdeck zum Vorderkastell und wieder zurück und starrte mit seinem Kieker zu den beiden Schiffen hinüber, die auf der anderen Seite des Kais vor Anker lagen.

»Aus Bristol, Sir, wenn ich mich nicht irre«, sagte der 1. Maat und lief meinem Vater ein paar Schritte nach.

»Und die andere, die *Amalie*, bestimmt aus London«, meinte der 2. Maat.

»Portsmouth«, widersprach der 1. Maat.

»London«, sagte der 2. Maat hartnäckig.

»Ob London oder Portsmouth, spielt keine Rolle«, sagte mein Vater ärgerlich, »auf jeden Fall waren sie vor uns da. Überall sind wir diesmal zu spät, das ist mir noch nie passiert.«

Ich verstand nicht viel von diesem Gespräch, und im Grunde genommen war es mir auch völlig gleichgültig, aus welchen Städten Englands Schiffe hier an der Reede lagen. Mich interessierte nur eines zu dieser Stunde – diese Stadt. Diese Stadt Bridgetown, die nun vor uns lag wie ich noch keine zweite zuvor in meinem Leben gesehen hatte. Mein Vater hatte mir einmal von einem Logbuch erzählt, in dem Barbados als die schönste Insel der Welt gepriesen wurde. Er hatte es lächelnd erzählt damals, weil er so etwas nie in seine Bücher hineinschreiben würde. Aber ich glaubte ihm, daß es so war, schon an diesem Morgen, als wir im Gig meines Vaters zum Ufer hinüberruderten. Hinter einem weißen Sandstrand erhoben sich Bananenstauden und Palmen, Bougainvillien rankten sich an weißen Häusern empor, Oleander und Orangenbäume verströmten ihren Duft, und Orchideen und Lilien blühten fast in jedem Garten. Ich nahm kaum wahr, welche Geschäfte mein Vater tätigte – das Postamt, die Briefe seiner Geschäftspartner, die er dort in Empfang nahm, und das beharrliche Wiederholen eines Namens. »Also Benston & Co. diesmal, Benston & Co., warum eigentlich ausgerechnet Benston? Mit Duncan & Walker habe ich letztes Jahr verhandelt,und alles ging reibungslos, wirklich reibungslos.«

Da er ohnehin mehr zu sich selbst sprach als mit mir, und ich ihm ganz offenbar nur als Kulisse diente, konnte ich weiter mit offenen Augen durch die Stadt gehen. Die Geschäfte betrachten, die Frauen in ihren bunten Kleidern, mit Sonnenschirmen über den Federhüten, vornehme Kutschen, die an mir vorüberzogen, und die Reiter, die sich gemächlich im Schritt zwischen all den Leuten hindurchschlängelten. Ich glaube, ich hätte Stunden hier mit nichts anderem als mit Schauen zubringen können. Und da mein Vater Besuche beim Gouverneur, bei der Zeitung und bei dem offenbar nicht geschätzten Benston & Co. zu machen hatte, blieb mir genug Zeit, mich umzusehen und umherzugehen. Ich ging über Brücken, betrachtete die Boote, die in dem schmalen Hafenarm anlegten, um ihre Mangos, Ananas und Bananen zu verkaufen, schlenderte zu der Crane Bay hinüber, dem Ankerplatz für die Segelschiffe, ich stand vor dem großen Paradeplatz im Süden der Stadt, jemand schickte mich nach Belleville hinaus zu dem Government House, das früher von den Pilgrimvätern bewohnt worden war. Und ich ging zu der halbfertigen St. Michaels-Kathedrale, die gerade an der gleichen Stelle errichtet wurde wie die, die ein Hurrikan einst zerstört hatte.

Erst gegen Abend kehrte ich zur *Mary Anne* zurück. Ich hatte für meine Mutter eine Korallenbrosche gekauft und für Tante Fanny einen großen Strohhut. Als ich die Geschenke meinem Vater zeigte, hatte ich den Eindruck, daß sie ihn mehr ärgerten als freuten. »Ganz billig«, sagte ich, da ich annahm, er ärgere sich über meine Verschwendungssucht, »und es ist auch von meinem Vorschuß, von dem ich noch gar nichts ausgegeben habe.«

Mein Vater schüttelte unwirsch den Kopf und schlug mit den Briefen, die er in der Hand hielt, ärgerlich auf die Reling. »Du kannst kaufen, was du willst, ich verstehe nur nicht, weshalb du alles gleich am ersten Tag kaufen mußtest. Du hast ja schließlich genug Zeit, alles in Ruhe anzusehen, und wenn ich mitgegangen wäre, hätten wir es natürlich auch billiger bekommen.«

»Ich dachte, wir bleiben nur acht Tage, weil das Klima nicht gut ist?«

»Das Klima auf Barbados ist das beste hier auf den Inseln, und wir bleiben länger als acht Tage.«

Ich schaute ihn von der Seite her an. »Und wie lange?«

»Das weiß ich nicht«, sagte mein Vater gereizt, »ich wollte nur Barbados anlaufen und dann gleich zurückfahren. Aber nun kann es sein, daß wir auch noch nach Kingston müssen.«

Obwohl ich den Eindruck hatte, daß es nicht sehr sinnvoll war, jetzt noch weiter zu fragen, tat ich es trotzdem. »Und warum?«

Mein Vater deutete zur anderen Hafenseite hinüber. »Hast du die beiden Schiffe da drüben gesehen?«

»Die aus London oder aus Portsmouth?«

»Ja die. Und rechne einmal aus, wieviel 443 und 367 und 218 ist.«

Ich blickte ihn verblüfft an.

»Na ja, die haben eben auch welche«, sagte er dann ungeduldig. »Und sie sind länger hier als ich. Und außerdem haben sie mit Duncan & Walker verhandelt, wie ich auch beim letzten Mal. Die haben die besseren Verbindungen hier im Land, die wissen immer noch eine Möglichkeit. Aber Benston & Co. – ich weiß wirklich nicht, wie sie gerade auf die kamen. Die haben vor kaum einem Jahr erst mit ihrem Geschäft angefangen.«

Am Abend brachte der 2. Maat in der Kombüse noch einmal die Rede auf die fremden Schiffe. »Er ging heute morgen mit 40 Sklaven weg und kam heute abend mit 29 wieder. Ich habe genau gezählt.«

»Also 11«, sagte Sam und goß Öl in seine Pfanne.

»Meinen Sie, daß das bei uns auch nicht anders sein wird?« fragte ich, »und was macht er, wenn er sie nicht loskriegt?«

Sam lachte. »Das überlaß mal nur deinem Vater, der hat noch jedesmal alle losgekriegt.«

»Aber wenn die anderen doch 29 wieder zurückgebracht haben?«

Der 2. Maat grinste Sam an. »Da gibt's Mittel, und dein Vater kennt sie, verlaß dich darauf.«

»Mittel, welche Mittel denn?«

»Also im letzten Jahr kamen wir später an als die *Fanny* von Bristol, die lag hier schon acht Tage vor Anker. Aber trotzdem fuhren wir früher ab, die hatten mindestens noch hundert an Bord, während wir schon wieder Segel setzten.«

»Und wie hat mein Vater das gemacht?«

Sam warf den Pfannkuchen in die Luft und fing ihn geschickt wieder auf. »Hast du als Kind nie mit Murmeln gespielt?«

Ich nickte, Sam drückte mir den Kochlöffel in die Hand für den Teig. »Und was hast du gemacht, wenn die anderen auch welche hatten und einer hatte eine ganz besonders schöne, die du um jeden Preis haben wolltest?«

»Ich hab gesagt, von mir kriegst du eine mehr wie von den anderen.«

Sam lachte. »Und genau das macht dein Vater auch. Er verkauft seine Nigger um fünf Pfund billiger als die anderen, und schon ist man handelseinig.«

»Sie wollen sagen, daß er die anderen unterbietet?«

»Natürlich unterbietet er, warum sollte er auch nicht? Das machen die Liverpooler Kaufleute seit eh und je.«

»Aber das ist doch –«

»Was ist das? Stört es dich etwa? Das hat alles seine Richtigkeit. Die Londoner Kapitäne und die aus Bristol sind nämlich besser dran als die unseren. Sie dürfen eine Privatfracht mitnehmen, und sonst haben sie auch noch ein paar Vorteile. Und meinst du nicht auch, deine Mutter wäre froh, wenn sie zu den sechs Pfund sechs Schilling, die dein Vater im Monat verdient, noch etwas hinzubekommt?«

»Sechs Pfund im Monat«, sagte ich, »das kann nicht stimmen. Sie hat erst neulich wieder zu Tante Fanny gesagt, daß mein Vater jetzt fast immer neun Pfund nach Hause bringt.«

Die Männer lachten. »Das hat er ganz sicher, wenn nicht noch mehr!«

»Und woher?«

Der 2. Maat schaute prüfend auf seine Manschetten, dann wandte er sich zum Gehen.

»Warum läuft er weg?«

»Weil er dir nicht sagen möchte, womit ein Liverpooler Kapitän seine kleinen Nebengeschäfte macht, verstehst du? Wenn er nicht ständig von seiner Frau hören will, daß andere Männer ganz andere Gelder mit nach Hause bringen.«

»Und womit macht er die?«

Sam begann seine Pfannkuchen zu zählen.

»Hat dein Vater Gäste heute, oder meinst du, zwanzig langen für euch?«

Ich schob Sam die Teigschüssel an den Herd. »Ich möchte gern wissen, womit er seine Nebengeschäfte macht!«

Sam holte die Eierschüssel herüber und schlug noch einmal fünf Eier in eine Schüssel. »Ich glaube, ich mache doch lieber noch ein paar mehr für die Kajüte. Für die Mannschaft langen auch weniger Eier.«

Ich nahm ihm die Schöpfkelle aus der Hand, mit der er den Teig in die Pfanne füllen wollte.

»Mein Gott, kannst du hartnäckig sein«, sagte Sam grinsend und nahm die Schöpfkelle wieder zurück. »So genau weiß ich das ja auch nicht. Vermutlich bringt er Baumwolle und Rum auf die Insel Man und schmuggelt sie später nach Liverpool, um den Einfuhrzoll zu umgehen.«

Ich ließ mich auf den einzigen Hocker fallen, den es in der Kombüse gab. »Sie meinen, mein Vater schmuggelt Rum, richtigen Rum?«

»Von falschem hab ich noch nie was gehört«, sagte Sam gutmütig, »er muß ihn ja deswegen nicht auch gleich trinken. Schmuggeln und trinken ist zweierlei.«

Ich starrte Sam an, ohne etwas zu sagen.

»Manchmal laufen wir auch noch Kingston an und verkaufen dort.«

»Was? Sklaven?«

»Natürlich. Wenn er sie hier nicht mehr loskriegt.«

»Aber Sie haben doch vorhin gesagt, er kriegt sie alle los?«

»Die, die von Agenten schon bestellt sind, aber seine eigenen eben nicht!«

Ich verstand überhaupt nichts mehr.

»Also, nun hör mal schön zu. Er kauft in Old Calabar oder Bonny oder New Calabar meinetwegen 500 Sklaven ein, er soll aber im Auftrag seiner Geldgeber nur vielleicht 400 kaufen, und die Agenten wissen auch nur von dieser Zahl. Also verkauft er den Rest an anderer Stelle.«

Plötzlich wurde mir vieles klar. Die Platznot unten im Zwischendeck, in dem die Sklaven wie die Löffel ineinanderverschachtelt lagen und sich bei Nacht nur gemeinsam drehen konnten. Die Nahrungsmittel, die nicht reichten, weil 500 Menschen natürlich mehr brauchten als 400, und all das. Ich glaube, an diesem Abend haßte ich meinen Vater. Und wäre nicht Francis gewesen, mit dem ich über all das hätte reden können, hätte ich ihn sicher am anderen Morgen zur Rede gestellt.

»Was soll daran schon besonders sein«, fragte Francis erstaunt, als ich ihm von meinem Gespräch berichtete, »das ist doch alles ganz in Ordnung.«

»Er schmuggelt, hörst du, mein Vater schmuggelt! Er, der jeden Fluch mit der neunschwänzigen Katze bestraft, der keinen Alkohol auf seinem Schiff duldet, er, ausgerechnet er, schmuggelt. Rum, Baumwolle, Sklaven, offenbar alles, was ihm unter die Finger gerät.«

Francis lachte, genauso wie Sam. »Du übertreibst. Und im übrigen schmuggelt mein Vater auch.«

Ich schmiß meine Hose in die Koje und starrte ihn an. »Dein Vater schmuggelt auch?«

»Na ja, keine Sklaven natürlich. Aber er ist Fischer, und alle Fischer in unserem Dorf sind froh, wenn sie ein bißchen was hinzuverdienen können. Was soll schon dabei sein – wir sind elf Kinder, und meine Mutter weiß manchmal wirklich nicht, wie sie uns satt kriegen soll.«

Ich glaube, wenn mir noch zehn Leute bestätigt hätten, daß die Schmuggelei für einen Liverpooler Sklavenhändler selbstverständlich sei, ich hätte trotzdem nicht geglaubt, daß mein Vater zu ihnen gehöre. Es bedurfte erst zweier Beweise, bis ich an die kleinen Nebengeschäfte glaubte.

Den einen fand ich bereits drei Tage später, als mich mein Vater zu einer Zuckerplantage schickte, die nicht weit von Bridgetown entfernt lag, und wo ich dem Verwalter einen Brief abzugeben hatte. Es war ein heißer Tag, aber der Weg führte zwischen Bananenstauden und Palmenhainen hindurch, in deren Schatten Kinder am Weg saßen und aus Kokosnüssen tranken. Ab und zu kam mir eine Kutsche entgegen oder es sprengten Reiter an mir vorüber. Als ich die Plantage endlich erreichte, war die Mittagszeit noch nicht vorbei und so konnte ich zunächst niemanden entdecken. Einige Hühner gackerten im Hof, eine Katze räkelte sich träge im Schatten, irgendwo weinte ein Kind. Ich hatte den Auftrag, mich an Mr. Garrett zu wenden, den Verwalter. Die Farm gehörte einem Mr. Berry, der aber offenbar nicht anwesend war, wie mir mein Vater gesagt hatte, da er noch andere Plantagen besaß. Ich hatte den Namen in den vergangenen Tagen schon öfter gehört. Dem Klang nach, mit dem mein Vater den Namen aussprach, mußte es ein Mann sein, der nicht wußte, wohin mit seinem vielen Geld.

Ich ging um das Wohnhaus herum, das noch nicht alt sein konnte, denn an der Rückseite waren Handwerker soeben dabei, eine Veranda anzubringen. In einiger Entfernung standen einige Bretterbuden, vor denen vier Schwarze im Schatten einer Palme saßen. Sie blickten mißtrauisch zu mir herüber, so daß ich mich entschloß, zu ihnen zu gehen.

»Ich suche Mr. Garrett«, sagte ich.

Eine der Frauen stand auf und winkte, ihr zu folgen. Wir gingen um die Stallungen herum, um einen Wagen mit frisch geschlagenem Zuckerrohr, dann führte ein schmaler Pfad zwischen Bananenstauden hindurch zu den Zuckerrohrfeldern. Die Sonne brannte inzwischen immer heißer herab. Ich öffnete den obersten Knopf meiner Jacke, weil mir der Schweiß in Strömen über den Rücken lief. Als wir einige Minuten gegangen waren, weitete sich der Pfad und das Rasseln von Ketten drang uns entgegen. Wir erreichten eine Lichtung, wo ein mit

Ochsen bespannter Karren stand, auf den die Sklaven soeben die übermannshohen Zuckerrohre luden. Eine andere Gruppe war dabei, mit der Machete einen neuen Pfad auf der anderen Seite der Lichtung in die Felder zu schlagen, und ein Schwarzer trieb vier Männer mit Peitschenhieben an, wenn sie nicht rasch genug arbeiteten.

Als ich die Fesseln sah, mit denen diese Männer aneinandergekettet waren, die Halskragen, damit sie beim Weglaufen überall hängenblieben, ihre in Schweiß gebadeten Körper, die Augen, die ihnen vor Anstrengung fast aus dem Kopf traten, war ich froh, daß Yamba und Egbo tot waren. Sicher war ein schneller Tod besser als dieser langsame hier. Die Frau, die mich hergeführt hatte, war inzwischen stehengeblieben und deutete mit der Hand zu einem leeren Wagen hinüber, in dessen Schatten ein Mann saß. Als ich näher kam, erhob er sich, und sein von der Hitze gerötetes Gesicht wurde noch dunkler. Er hatte offenbar eine zornige Frage auf der Zunge, als er den Brief in meiner Hand sah. Ich stellte mich vor, was der Mann mit einem Kopfnicken quittierte, dann nahm er mir den Brief aus der Hand und begann zu lesen. Der Ärger verschwand langsam aus seinem Gesicht, und als er fertig war, winkte er mir, ihm zu folgen. Schweigend gingen wir den gleichen Pfad, den ich gerade gekommen war, wieder zurück – an Schwatzhaftigkeit schienen die Leute auf dieser Plantage gewiß nicht zu leiden.

»Wir hatten nicht mehr genügend Wasserfässer«, sagte er, als wir nach einigen Minuten in einen kleinen Lagerschuppen kamen, in dem Geräte, Karren und Zuckerrohrabfälle in einem wirren Durcheinander lagen, »aber ich denke, es geht auch so.« Er öffnete eine zweite Tür am Ende des Schuppens, die in einen anderen Raum ging, in dem zwei Reihen Fässer und große Flaschen standen.

»Die Wasserfässer reichten nicht«, sagte der Mann jetzt noch einmal und wischte sich den Schweiß von der Stirn. »Gerichtet ist alles, ich hatte nur noch keinen Karren frei, um die Ladung in die Stadt bringen zu lassen.«

Er deutete auf die kleineren Fässer im Vordergrund und sagte dann: »Das ist die normale Ladung, die anderen stehen hinten.«

Ich blickte ihn erstaunt an. Da mir mein Vater nur gesagt hatte, daß eine Ladung ausgeblieben sei, die er erwarte, hatte ich keine Ahnung, was der Mann meinte.

»Es sind ja fast die gleichen«, sagte er jetzt gereizt, als ich auf die Fässer starrte, ohne etwas zu sagen, »ob Öl oder Wasser interessiert keinen. Die Tarnung ist die gleiche.«

Ich ging zu den Fässern hinüber, einfach weil ich nicht wußte, was ich antworten sollte. »Die Korken schließen gut«, sagte der Mann, als ich mich hinunterbeugte, »da riecht niemand was. Mr. Berry hat übrigens für Sie noch einen Probetrunk gerichtet, er selber ist leider nicht da.«

Wir gingen ins Haus und nahmen den Probetrunk – es war bester, allerbester Barbadosrum, der stärkste, den es gab. Genauso, wie Sam gesagt hatte, als er mich mal zu einem Grog eingeladen hatte. Und er steckte in Wasser- und Ölfässern. Für die Insel Man. Auch so wie Sam meinte.

Sicherlich wäre ich an diesem Nachmittag nicht in diese Kirche gegangen, die an meinem Wege lag, wenn ich nicht von der Hitze, dem Probetrunk und der Vorstellung, daß mein Vater ein Schmuggler war, völlig durcheinander gewesen wäre. Offenbar hatte eine Reise von fast einem Jahr nicht ausgereicht, um aus einem Kind einen Mann zu machen. Ich glaubte immer noch alles, was ich sehen und betrachten konnte. Für mich war ein Wasserfaß ein Faß, in dem Wasser zu sein hatte und kein Rum. Und ich konnte und wollte es einfach nicht glauben, daß mein Vater Alkoholvergehen mit der neunschwänzigen Katze bestrafte, nachdem er selber das Zeug unter die Leute brachte.

In dieser Stimmung also ging ich in die Kirche. Eine anglikanische Kirche, und als ich durch das Portal ging, fiel mir ein, daß es die sein mußte, von deren berühmtem Altar mir Mr. Hudson erzählt hatte. Und in dieser Stimmung traf ich Dr. Bryan. Eigentlich müßte ich sagen »sah«, denn gesprochen haben wir an jenem Nachmittag nicht miteinander. Er kniete in der vordersten Reihe, und als ich sein Gesicht sah, hatte ich das Gefühl, daß er in einer ähnlichen Lage sein mußte wie ich auch. Die Kirche war fast leer, nur hinten in den letzten Bänken saßen ein alter Mann und eine alte Frau. Ich wäre sicher nicht einmal bis an den Altar vorgegangen, wenn mir nicht die Sätze von Mr. Hudson wieder eingefallen wären. »Ein Benjamin West, wenn Sie mal vorbeikommen, sollten Sie ihn sich ansehen!«

Zunächst allerdings, als ich bis zur ersten Reihe vorgegangen war, erkannte ich den Doktor nicht. Ich hielt ihn für einen Landstreicher. Oder für einen Eingeborenen. Er trug ein zerknittertes weißes Hemd, neben ihm auf der Bank lag seine Jakke, aus der ein Ärmel halb aufgetrennt heraushing, seine Pantalons sahen aus, als habe er wochenlang darin geschlafen. Er kniete in der vordersten Reihe und starrte zu den Kirchenfenstern empor. Erst als ich mich einige Meter von ihm entfernt in eine Bank dahinter gesetzt hatte, hörte ich, daß er weinte. Ich war so erschrocken, daß ich fast zu atmen vergaß. Ich hatte noch nie einen Mann weinen sehen, und wenn mich jemand gefragt hätte, ob Männer das überhaupt können, so hätte ich sicher entrüstet mit »nein« geantwortet. Ich glaube, ich brauchte eine ganze Weile, bis ich wieder normal denken konnte. Ich kam mir sündhaft vor, daß ich nichts weiter tat als zu Mr. Bryans Gesicht hinüberstarren, auf dem die Tränen ungestört herunterliefen. Er wischte sie nicht einmal ab. Er ließ sie laufen, über sein fleckiges Hemd, über seine Hände, in die er den Kopf gestützt hatte, auf die Bank.

Die beiden Alten im Hintergrund erhoben sich inzwischen aus ihren knarrenden Bänken, vorne beim Opferstock bog sich eine der brennenden Kerzen langsam zur Seite und erlosch in einem weißen Wachsberg. Ich saß und wagte mich nicht zu rühren, weil ich annahm, daß meine Bank mich ebenfalls nicht ohne Knarren entlassen würde. Ich weiß nicht mehr, wie lange ich so saß, die Farben in den Scheiben veränderten sich allmählich, weil die Sonne weiterwanderte. Als Dr. Bryan schließlich aufstand, ging er wie ein alter Mann, schlurfend, den Rücken gebeugt. Er schaute nicht einmal hoch, als er den Gang vorlief, nur an der Tür blieb er für einen Augenblick stehen und hielt die Hand vor die Augen, weil die Sonne ihn blendete.

Ich wartete eine Weile, bevor ich die Kirche verließ.

An diesem Abend kam mein Vater gut gelaunt von seinen Landgängen zurück – von den 443 Sklaven waren bereits 217 verkauft, teils durch Auktionen, teils an Benston & Co., offenbar verstanden die Neulinge ihr Geschäft doch nicht ganz so schlecht. Er rieb sich die Hände und sah zu den beiden englischen Schiffen hinüber, auf deren Jakobsleiter gerade eine Gruppe von Sklaven mit hängenden Schultern und gebeugten Köpfen emporkletterte.

Der 1. Maat nahm den Kieker und schaute hinüber. »Denen haben wir's gegeben«, sagte er lachend, »das waren ja Wucherpreise, die die wollten. Wie Sie das wieder gemacht haben, Sir!«

»Schon gut, schon gut«, wehrte mein Vater ab, »es sind noch nicht alle weg.«

»Nimmt den Rest eigentlich Mr. Berry?«

»Ach, Mister Berry«, sagte mein Vater und schaute zu mir herüber, »ging alles klar?«

Ich zögerte nur einen kurzen Augenblick, dann sagte ich: »Ja, es ging alles klar. Die Ware kommt morgen, er hatte keinen Wagen frei.«

»Na, dann ist ja alles in bester Ordnung«, sagte mein Vater zufrieden. Drei Tage später wurde Kitty krank. Morgens saß sie noch mit bei uns am Frühstückstisch, mittags klagte sie über Kopfschmerzen, und abends hatte sie hohes Fieber.

»Wir werden einen Arzt holen müssen«, sagte der 3. Maat, der sonst Dr. Bryan immer geholfen hatte, »ich kenn mich da nicht aus, bei Frauen schon gleich gar nicht.«

»Ein Blinddarm ist doch wohl ein Blinddarm, egal ob Mann oder Frau«, sagte Sam, der gerade vorüberging.

»Ich werde den Gouverneur fragen, er wird sicher einen guten wissen«, sagte mein Vater.

»Das dumme ist nur, sie will keinen von hier«, sagte der 3. Maat, »sie will jemanden, den sie kennt. Sie will Dr. Bryan.«

»Bryan?« sagte mein Vater verwundert, »da kenne sich einer aus! Ich denke, sie kann ihn nicht ausstehen. Und wo soll ich

Bryan auftreiben? Es war schließlich sein Wunsch, dieses Schiff zu verlassen. Ich hätte nichts gesagt, wenn er wieder mit zurückgefahren wäre, obwohl es ja nun nicht mehr so wichtig ist wie auf der Hinreise, daß wir einen Arzt an Bord haben. Aber er mußte ja seinen Dickkopf durchsetzen. Hätte ich ihn etwa halten sollen?«

»Ich habe ihn neulich in einem Wirtshaus am Hafen gesehen«, sagte der 3. Maat, »und da war er mit Rum gefüllt wie ein Faß bis oben hin.«

»Zur Ader lassen könnte sie ja auch ein anderer«, sagte mein Vater, »haben Sie das nicht auch schon gemacht?«

»In Notzeiten, Sir«, sagte der Maat bescheiden, »nur in Notzeiten, wenn sonst niemand da war.«

»Wo hattest du ihn denn gesehen?« fragte mein Vater.

»In einer Kirche.«

»Da habe ich ihn auch gesehen«, sagte Sam, »in der Stadt drin.«

»In der katholischen?«

»Ja, aber der Zimmermann hat ihn in der presbyterianischen gesehen.«

»Meine war anglikanisch«, sagte ich.

»Eine jüdische gibt's wohl nicht hier, was?« sagte mein Vater wütend und wandte sich ab.

Da das Fieber bei Kitty Robinson auch am anderen Morgen nicht zurückging, sondern eher noch gestiegen war und sie sich weigerte, einen fremden Arzt zu empfangen, schickte mich mein Vater nach dem Frühstück los, um Mr. Bryan zu suchen.

»Geh zuerst in alle Hafenwirtshäuser«, schlug Sam vor, »außer Kirchen aller Sorten ist das sicher sein bevorzugter Ort.«

Und so ging ich denn. In die Wirtshäuser am Hafen, in die im Norden der Stadt, im Süden, im Osten – gegen Mittag hatte ich auch die hinter mir, die in den Außenbezirken lagen. Aber niemand kannte einen Doktor oder wollte einen kennen, vielleicht fragte ich auch die falschen Leute. Schließlich kam ich in eine Grogstube, die eigentlich keine rechte war. Sie war nur notdürftig in einem halb zusammengefallenen Haus untergebracht, von dem der letzte Sturm offenbar das Dach abgedeckt hatte.

»Ist das der mit der verbrannten Urgroßmutter?« sagte einer der Fischer, die am Tisch saßen.

Noch bevor ich nickte, grölte ein anderer los. »Und der gleiche, der in alle Kirchen rennt, weil er irgendwann den lieben Gott irgendwo verloren hat und ihn jetzt nimmer findet?«

Die anderen brüllten vor Lachen, ich verließ den Raum, als seien Furien hinter mir her. Im Hinausgehen hörte ich noch etwas von »Wäsche waschen«. Ich lief weiter, aber das Wort »Wäsche« blieb in mir haften. Irgend jemand mußte ja für ihn waschen, und ich überlegte mir, wo die Frau wohnte, die für die *Mary Anne* tätig war. Nach einer weiteren halben Stunde hatte ich schließlich ihr Haus gefunden, aber Dr. Bryan ließ keine Wäsche bei ihr waschen. »Vielleicht bei Miß Denison. Die ist zwar schon alt, aber manchmal wäscht sie noch.«

Wieder lief ich durch die halbe Stadt und kam in Viertel, die ich noch nie betreten hatte zuvor und in denen die Oleander und Bougainvillien fehlten. Straßen, in denen die Leute mißtrauisch schauten, wenn man vorüberging, Straßen, in denen das Elend wohnte, genau wie an anderen Orten auch. In einer engen Gasse entdeckte ich zwei alte Liverpooler Kaufleute, die vor einem kleinen schäbigen Haus in der Sonne saßen und Wacholderschnaps tranken. Der eine von ihnen hatte sein Schiff verloren, dem anderen waren fast alle Sklaven unterwegs gestorben. Jetzt saßen sie hier auf zwei wackeligen Stühlen und versuchten einander zu übertrumpfen, als ich sie ansprach. »Ibos, schöne, reinrassige Ibos«, sagte der eine mit zahnlosem Mund, »ein ganzes Dorf hatten wir zusammengeschossen, um sie zu kriegen, drei Tage waren wir auf Jagd gegangen, bis wir sie alle aus den Sümpfen geholt hatten. Ein großes Haus hätte ich mir davon kaufen können, ein anderes als das hier.«

Der andere nickte mit rotgeränderten Augen und sagte mit schwerer Zunge: »Ja, ja, die Aschantis, das waren die kräftigsten, du hast recht.«

Sie hielten mich am Ärmel fest, als ich gehen wollte, und hoben mir ihre Schnapsflasche entgegen: »Barbados wirst du nie vergessen, Jüngelchen, aber glaub mir, der Mersey ist schöner, glaubst du es?«

Ihre grölenden Gesänge verfolgten mich noch bis zur nächsten Ecke. Als ich das Haus der Wäscherin schließlich erreichte, hätte ich mein Hemd auswringen können, so verschwitzt war es.

»Na ja, Wäsche, na ja, ein paar Hemden sind es eben«, sagte eine kleine verhutzelte Alte, die ich unten im Keller antraf, »mehr könnte ich auch nicht mehr waschen. Er schneidet immer alles zusammen, wenn er was braucht. Wissen Sie«, sie schaute mit ihren wäßrigen Augen zu mir auf und tippte sich an die Stirn, »ich glaube, er ist nicht ganz in Ordnung da oben, aber Sie können ja selber sehen, er wohnt hier.«

Ich wagte kaum zu atmen, weil ich das Gefühl hatte, Mr. Bryan verschwände wieder am Horizont wie eine Fata Morgana. »Sie meinen, er wohnt hier im Haus?«

Die Alte öffnete die Tür und klopfte mit ihrem Krückstock an die Decke. »Da wohnt er, dort oben. Ein Zimmer ist es ja wohl nicht, aber er wohnt eben da. Unterm Dach ist es immer am billigsten, wissen Sie?«

Sie kicherte mir nach, bis ich die Tür geschlossen hatte. Ich stieg eine winklige Treppe hinauf und stand dann vor einer Bretterwand, von der sich die eine Hälfte öffnen ließ. Ein Schloß hing lose an einem Haken, aber es fehlte die Öse, um es einzuhängen. Vermutlich würde es Diebe auch nicht sehr locken, hier oben einzubrechen. Ich klopfte einmal, zweimal, dann kam eine Antwort, die »Herein« heißen konnte oder auch nicht. Eine fast unerträgliche Hitze schlug mir entgegen, als ich die Bretterwand öffnete. Da das Zimmer nur eine winzige Dachluke zum Belüften hatte und nicht viel größer war als unsere Kombüse auf der *Mary Anne*, konnte ich mir nicht vorstellen, wie man hier überhaupt leben konnte. Aber vielleicht war das, was Mr. Bryan unter Leben verstand, auch etwas anderes, als das, was ich mir darunter vorstellte. Zumindest dachte ich das, als mein Blick über die wenigen Gegenstände glitt, die sich in diesem Raum befanden – eine Matratze mit einer Decke, ein Stuhl, auf dem eine Schüssel stand, daneben ein

Krug mit Wasser, eine Seife, ein Handtuch, in einer Ecke eine Truhe, seine Truhe, die er mit auf dem Schiff hatte. Sonst nichts. Mehr Ecken gab es nicht, da das Zimmer die Form eines Dreiecks hatte.

Der Doktor stand in der Mitte des Zimmers, mit dem Rücken zur Tür und hantierte an etwas herum, das vier Pfoten hatte und ganz offenbar am Tisch festgebunden war.

»Wer immer Sie auch sind, Sie könnten mir hier einmal halten«, sagte er, ohne sich umzudrehen. »Sie kommen gerade im richtigen Augenblick, ich hab schon dreimal einen Knoten versucht, aber dieser Kerl bewegt sich immer wieder an der falschen Stelle.«

Als ich näher kam, entdeckte ich, daß es ein Hund war, der auf dem Tisch lag. Ein struppiger, ungepflegter Hund, in dem sich alle Rassen vereinigt zu haben schienen. Er hatte schräg über den Bauch eine häßliche Wunde, die bis in die rechte Vorderpfote hineinlief.

»Drücken Sie hier mal drauf«, sagte der Doktor und schaute kurz hoch. Ich legte meinen Finger auf die Wunde, und Mr. Bryan zog den Faden vorsichtig an und verknotete ihn.

»Und jetzt die Schere«, befahl er, »die dort drüben.«

»Es ist mein eigener«, sagte er, als ich dabei auf seinen Instrumentenkasten blickte, »nicht der von der *Mary Anne*.«

Ich schwieg und hielt den Kopf des Hundes, der winselnd hin- und herpendelte. Der Doktor ging zu seiner Truhe und kam mit ein paar Leinwandstreifen wieder zurück. Als er sie unter dem Körper des Hundes durchschob, sah ich, daß es Reste eines Hemdes sein mußten, und plötzlich verstand ich den Satz der Alten: ,Er schneidet alles zusammen, wenn er etwas braucht.'

»Behält er das denn dran?« fragte ich, als Mr. Bryan den Stoff sorgfältig über der Wunde vernähte und die Schnüre aufknotete, mit denen er das Tier unter dem Tisch hindurch festgebunden hatte.

»Na ja, wenn er jemand hätte, der sich um ihn kümmert, wäre es schon besser.«

»Wem gehört er denn?«

»Wahrscheinlich keinem. Er lag auf der Straße, als ich vorbeiging, vermutlich hat ihn eine Kutsche angefahren. Jemand
wollte ihn gerade zum Müll wegfahren.«

»Und was wollen Sie jetzt mit ihm machen?«

Der Doktor ging zu der Schüssel auf dem Stuhl und goß Wasser
hinein. »Zunächst bleibt er mal hier, für heute wenigstens«,
sagte er dann langsam und schaute plötzlich aufmerksam zu
mir herüber.

»Kitty Robinson ist krank«, sagte ich rasch und spürte, wie mir
dabei die Hitze in den Kopf stieg. Weil ich mir plötzlich vorstellte, was mein Vater sagen würde, wenn ich ihm erzählte,
daß mir ein verwahrloster räudiger Hund wichtiger war als die
Tochter des Reeders. Mr. Bryan nahm das Handtuch von der
Stuhllehne und begann sich die Hände abzutrocknen. Ganz
langsam, jeden Finger einzeln, dann nochmals die ganze Hand,
das Handgelenk auch noch und wieder die Finger. Ich glaube,
ich hatte noch nie einen Menschen gesehen, der sich so langsam und gründlich die Hände abtrocknete.

»Und was hat sie?« fragte er schließlich, als die Stille fast pein-
lich wurde.

Der Hund begann zu winseln. Der Doktor ging zum Tisch,
nahm das Tier behutsam hoch und setzte es auf den Boden.
»Na, und?« sagte er dann und blickte zu mir auf. »Etwa
Schnupfen?«

Ich starrte ihn an. »Sie hat Fieber, hohes Fieber, und der 3.
Maat meinte, sie müsse zur Ader gelassen werden.«

Der Doktor lachte auf. »Natürlich, zur Ader lassen, bevor man
weiß, was es ist. Seit wann hat sie es denn?«

»Seit gestern abend.«

»Und heute morgen, war es da weniger oder mehr?«

»Mehr.«

»Mehr als gestern abend?« fragte der Doktor mißtrauisch.

»Ja, wirklich mehr, ich weiß nicht wieviel, aber es war
mehr.«

Der Hund begann sich inzwischen schwerfällig zu bewegen
und lief suchend im Zimmer umher. Der Doktor füllte etwas
Wasser aus dem Krug in einen Teller – vermutlich war es der

gleiche, aus dem er auch aß – und stellte ihn auf den Boden.

»Ich bin nicht mehr für die *Mary Anne* zuständig, warum ruft Ihr Vater keinen anderen Arzt? In der Stadt gibt es viele«, sagte er, während er den Hund hinter den Ohren kraulte.

»Sie will nur Sie.«

Der Doktor kam aus der Hocke hoch, strich sich die Haare aus dem Gesicht und lachte kurz auf. »Die *Mary Anne* scheint eine große Anziehungskraft zu haben, offenbar kommen alle wieder zu ihr zurück, auch wenn sie nicht wollen.« Dann ging er zur Dachluke und betrachtete das Hemd, das auf einer Leine hing. Er wischte ein paarmal über den Kragen, zog es in die Länge, dann nahm er es herunter. »Ein anderes habe ich nicht im Augenblick«, sagte er lächelnd und schaute mich an.

»Ich glaube, es kommt nicht auf das Hemd an, Sir, ganz bestimmt ist das Hemd völlig unwichtig«, sagte ich hastig, weil ich mir wieder vorstellte, was mein Vater sagen würde, wenn ich ihm erzählte, daß meine Mission an einem schmutzigen Hemd gescheitert sei.

»Das meinst du«, sagte der Doktor, während er an seiner Hose heruntersah, auf der sich Blutspritzer und Dreckflecken befanden, »selbst wenn Ladys hohes Fieber haben, sehen sie noch, ob ein Mann ein sauberes Hemd anhat oder nicht.«

Aber ich bin überzeugt, Mr. Bryan täuschte sich. Kitty Robinson sah gewiß nicht mehr, ob des Doktors Hemd rot oder blau war, als wir schließlich nach langem Hin und Her, vor allem, was den Hund betraf, auf der *Mary Anne* eintrafen.

»Sie fantasiert schon seit heute morgen«, sagte der 3. Maat aufgeregt, »ich hatte ja gestern abend schon gemeint, daß man sie zur Ader lassen solle.«

Dr. Bryan schob ihn von der Koje zurück, in der Kitty mit fieberrotem Kopf und Schweiß auf der Stirn lag. Ich verließ die Kajüte, als der Doktor die Decke zurückschob, und ging zu Sam in die Kombüse.

»Was hat er denn gesagt, als du kamst?« wollte Sam wissen.

»Ob sie Schnupfen hat.«

Sam lachte. »Verändert hat er sich wenigstens nicht, er beißt noch immer. Ich bin ja nur gespannt, wie das weitergeht.«

Es dauerte eine ganze Weile, bis wir es erfuhren. Zunächst hörten wir Dr. Bryan mit dem 3. Maat an der Tür vorbeigehen, wobei der Doktor gerade sagte, daß noch eine Pflegerin an Bord müsse.

»Also wohl doch kein Schnupfen!« stellte Sam fest und schob seine Kochtöpfe auf den Herd.

»Die Pest wird's doch auch nicht sein«, sagte Francis ängstlich.

»Wenn's die hier im Augenblick gäbe, wüßten wir das längst. Es fragt sich nur, wo sie überall war die ganze Zeit. Bei den Eingeborenen, in der Stadt oder wo sonst.«

Aber niemand von uns wußte, was Kitty eigentlich die ganze Zeit über gemacht hatte, während wir hier vor Anker lagen. Niemand hatte sich viel um sie gekümmert, und gefragt hatten wir schon gleich gar nicht. Der Abstand vom Beginn der Reise hatte sich kaum verringert, das wurde uns eigentlich in diesem Augenblick klar.

Die angeforderte Pflegerin kam noch am gleichen Tag, Mr. Bryan nur wenige Stunden später. Mit dem zusammengeflickten Hund übrigens, den er in einem Korb mühsam über das Fallreep heraufschleppte. Als ich das Gesicht meines Vaters dabei beobachtete, verzog ich mich schnell in die Kombüse. »Er hat den Hund mit.«

Sam schaute mich groß an. »Den räudigen Straßenköter etwa?«

Ich nickte.

»Und was sagt dein Vater?«

»Bis jetzt noch nichts, aber sein Gesicht war so, wie wenn er am liebsten das Fallreep mitsamt dem Doktor und seinem Köter abgehauen hätte.«

Sam lachte. »Besser einen Köter im Korb als seine Whiskyflaschen. Aber sicher hat er die diesmal in der Truhe.«

Aber Sam irrte sich. Mr. Bryan war in den nächsten Tagen nicht betrunken. Er kam uns überhaupt sonderbar verändert vor. Seine Zornausbrüche schienen verschwunden zu sein. Manchmal schluckte er zweimal, wenn er eine Entgegnung offenbar schon auf der Zunge hatte. Ansonsten kümmerete er sich um seine zwei Patienten, den räudigen Hund, der schon nach drei Tagen wieder recht munter allen Leuten zwischen den Füßen herumlief, und Kitty Robinson, die Hirnhautentzündung hatte und vierzehn Tage mit hohem Fieber in ihrer Koje lag.

Mein Vater machte unterdessen immer noch seine täglichen Gänge zu den Auktionen, da Benston & Co. den Rest der Sklaven nicht hatte abnehmen können. Ich begleitete ihn dabei, weil es an der Zeit war, daß ich mich mit meinem zukünftigen Beruf vertraut machte, wie mein Vater fand.

»Du mußt lernen, auf was es ankommt«, erklärte er mir, als wir wieder einmal inmitten einer Menge von Leuten standen, »du mußt hinhören, was die hier wollen, und das mußt du dann in Bonny einkaufen, verstehst du?«

Ich nickte. Weil es wohl wenig Sinn hatte, ihm jetzt zu sagen, daß ich mitnichten bereit war, diesen Beruf einmal zu ergreifen.

»Die Muskeln sind am wichtigsten, hörst du«, sagte mein Vater mit eindringlicher Stimme, »da darf kein Gramm Fett zuviel dran sein.«

Ich dachte an die kargen Bohnen- und Yamrationen, die die Sklaven auf der *Mary Anne* am Ende bekommen hatten, und war überzeugt, daß unsere Sklaven nicht wegen Dickleibigkeit keine Abnehmer fanden.

»Schau, wie er sie jetzt laufen läßt«, sagte mein Vater begeistert, »wie seine Muskeln sich bewegen, da bekommt er ganz bestimmt seine fünfzig Pfund dafür.«

Natürlich mußte ich zugeben, daß mein Vater etwas von seinem Geschäft verstand, nicht nur, was die Ware anbetraf, mit der er handelte. Er hatte einen Überblick über die Marktlage, die mich manchmal verwunderte. Er konnte genau sagen, wie hoch der Preis für einen ausgebildeten, abgerichteten Sklaven von etwa zwanzig Jahren war, der fünf Jahre bei einem Herrn gedient hatte und nie weggelaufen war. Natürlich war sein Preis um etliches höher, als der von einem Weggelaufenen zu den gleichen Bedingungen. Er wußte auch genau, welche Belohnung angemessen war bei einem »Runaway«, oder bei wem er ein Kind gratis zu geben hatte, um seine Kunden bei Laune zu halten. Die wechselnden Kurse der einzelnen Länder bereiteten ihm keineswegs Schwierigkeiten, er rechnete mit Dollars, Pesos und Francs genauso rasch wie mit unserer eigenen Währung. Er hatte die Fähigkeit, die ein guter Kaufmann braucht, um den Kunden an ein seriöses Geschäft glauben zu lassen. »Wer einmal von mir gekauft hat, der kommt wieder«, sagte er nicht ohne Stolz. Und er haßte jeden Handel, der ein anonymes Geschäft war, und bei dem der Händler nur dabeistand, ohne etwas zu tun – so wie es z. B. bei Versteigerungen auf den Schiffen zuging, wo wir einmal zuschauten.

Alle Sklaven waren an Deck versammelt, und jeder hatte den gleichen Preis. Auf ein bestimmtes Signal wurden die Käufer an Bord gelassen, und jeder griff sich den Schwarzen, den er haben wollte. An den Kräftigsten rissen manchmal gleich zwei Männer gleichzeitig, während die Mageren eng an die Reling gedrängt warteten, bis sie überhaupt jemand ansah.

Vermutlich hätten wir doch noch Kingston anlaufen müssen, wenn nicht die Entscheidung des Parlaments, die ein Jahr zurücklag, den Sklavenhandel 1796 auslaufen zu lassen, die Nachfrage in die Höhe getrieben hätte. Auch die Preise waren seit dem vergangenen Jahr gestiegen. Einen Sklaven, der da noch für vierzig Pfund zu haben war, gab es heute kaum mehr für fünfzig. »Wenn wir schneller gewesen wären, hätte ich vielleicht in diesem Jahr noch einmal auslaufen können«, sagte mein Vater, »ich hätte den Gewinn sicher noch verdoppeln können.«

Um diesen Gewinn ging es ihm in den nächsten Tagen eigentlich nur noch. Kaum war es mittags möglich, im Salon den Tisch zu decken, weil alles mit Papieren voll bedeckt war. Blätter mit Zahlen, die ins Gigantische anstiegen.

Wenn Francis und ich draußen beim Streichen des Schiffes, das jetzt für die Heimreise gerichtet wurde, waren, hörten wir meinen Vater drinnen oft bis spät am Abend rechnen, denn inzwischen trafen auch die Ladungen ein, die wir nach Liverpool zu bringen hatten. Ich weiß nicht, wieviel Sack Zucker wir schleppten, aber es waren ganz gewiß 700, weißer Zucker, brauner Zucker, Melassefässer, 20 Tonnen Kampescheholz, 80 Ballen Baumwolle, 255 Sack Kaffee, das allein war die Ladung für Rutson & Co. Für Clark und Forest luden wir vier Fässer mit Bienenwachs, Rum, Wein, Palmöl und 637 Felle. Unsere Lagerräume füllten sich von Tag zu Tag mehr, und wenn wir abends in unsere Kojen fielen, waren wir oft so müde, daß wir kaum mehr miteinander redeten, und selbst im Traum noch zählte ich manchmal Bohnensäcke und beobachtete die Hühner, ob sie auch gesund und einwandfrei waren.

Die Pseudowasserfässer und Ölflaschen kamen eines Tages auch an. Mein Vater stand dabei, bis alles an einer abseits liegenden Ecke im Zwischendeck verstaut war, anschließend ließ er einen Bretterverschlag davormachen. »Damit nicht das gleiche passiert wie auf der Herfahrt.«

Die Matrosen sahen sich an, aber natürlich wagte niemand etwas zu sagen.

Am letzten Tag vor der Abfahrt – die Sklaven waren inzwischen bis auf den letzten verkauft – brachten die Eingeborenen Brot, Obst und Gemüse an Bord. Die Frischwasservorräte wurden nochmals ergänzt, und der Segeltuchmacher ließ noch ein größeres Stück Segel aus der Stadt bringen – ›für alle Fälle‹.

Am Spätnachmittag des letzten Augusttages war es dann soweit. »Hoffentlich erwischen wir eine gute Landbrise morgen früh«, sagte der 1. Maat und schaute prüfend an den Himmel.

Mein Vater nickte zerstreut und setzte seinen Kieker ans Auge. »Erwarten Sie noch jemand, Sir?« fragte der 1. Maat. Mein Vater drehte nervös an seinem Schnurrbart. »Ja«, sagte er dann kurz.

Der 1. Maat zögerte, dann fragte er: »Nur für diesen Abend? Ich frage, weil nur für uns gedeckt ist.«

Mein Vater setzte den Kieker ab und hob ihn wieder ans Auge. »Nicht nur für diesen Abend. Der Quartermeister weiß Bescheid.« Der 1. Maat schwieg. Francis, mit dem zusammen ich gerade bei den Hühnerställen stand, warf mir einen Blick zu. »Guck mal, da ist ja auch noch ein Ei«, sagte er.

»Ja, und eigentlich haben wir heute morgen den Stall nicht ganz saubergemacht. Meinst du nicht, daß wir das noch tun sollten?«

»Natürlich sollten wir das tun«, sagte Francis scheinheilig. Und so putzten wir an diesem Tag den Hühnerstall zweimal. Ganz einfach, weil wir wissen wollten, wer da noch in letzter Sekunde an Bord kam. Jemand, bei dessen Ankunft mein Vater schon jetzt so nervös war, daß er fast seinen Kieker fallen ließ, als der 1. Maat sagte: »Soll ich unten Bescheid geben?«

»Ich habe bereits alles angeordnet«, sagte mein Vater.

Als drüben am Ufer endlich ein Boot abstieß, öffnete Francis gerade den Hühnerstall, um die Eier herauszunehmen. Ich stand mit dem Eimer hinter ihm, aber die Hühner waren uns plötzlich nicht mehr wichtig. »Das sind ja drei Schwarze«, rief Francis verblüfft, »drei vollständig angezogene Schwarze!«

»Ich glaube, es sind nur zwei Schwarze und ein Weißer, auch angezogen.«

Francis bekam fast einen Lachkrampf. »Und wie angezogen! Er sieht aus wie Kittys Papagei.«

Der Mann, der sich im Ruderboot jetzt langsam unserem Schiff näherte, schien wirklich alle Farben einer Palette auf sich vereinigt zu haben. Zu hellgrünen Kniehosen aus Leder trug er auf Hochglanz polierte Stulpenstiefel, einen blauen Rock mit Goldknöpfen, die Enden seines roten Halstuches waren durch einen mit Brillanten bestückten Ring gezogen, und auf dem Kopf trug er zu allem Überfluß eine nach französischer Mode gelockte und hellblaue Perücke. Diese Einzelheiten sahen wir natürlich erst später, erst dann, als der Gast mit vereinten Kräften über das Fallreep gezogen worden war. »Entschuldigen Sie Sir, ich habe mich leider etwas verspätet«, sagte er schwer atmend, wobei die Rüschen seiner Hemdbrust bei jedem Atemzug in die Höhe hüpften. »Aber Yosua ist unglückseligerweise in einen Kübel mit Melasse gefallen und mußte dann natürlich von Kopf bis Fuß neu eingekleidet werden, damit er sich nicht erkältet, er ist ohnehin etwas empfindlich. Und Simson braucht immer so lange.«

Mein Vater nickte hastig, die Offiziere starrten überwältigt auf die beiden Schwarzen, von denen der eine etwa zwölf, der andere vielleicht vierzehn Jahre alt sein mochte. Beide waren in die gleichen bunten Farben gekleidet wie ihr Herr, und wären ihre Gesichter weiß gewesen, so hätten sie die Söhne von vornehmen, etwas farbenblinden Leuten sein können.

»Die Truhe bitte vorsichtig«, sagte der Mann ängstlich, als die Matrosen sein Gepäck an Deck zogen, »und die Körbe auch, es sind Flaschen drin. So eine Fahrt dauert ja schließlich, nicht wahr?«

Mein Vater runzelte die Stirn, sagte aber nichts. Wie eine Fahrt mit Flaschen verlaufen würde, konnte er sich vorstellen, wenn er an Dr. Bryan dachte.

»Ich bin zwar Geschäfte halber unterwegs, aber so ein klein wenig Vergnügen kann auch nicht schaden.«

Mein Vater enthielt sich jeder Antwort. Nach meinen Erfahrungen mit den getarnten Rumfässern überlegte ich mir bereits damals, in welcher Rubrik dieser Mann auftauchen würde und mit welchem Betrag – falls er überhaupt in den Zahlenbüchern erschien. Denn daß diese Bekanntschaft nicht gerade einer menschenfreundlichen Reaktion meines Vaters entsprang, wurde mir bereits in dieser Sekunde klar.

Die Offiziere schauten noch immer völlig entgeistert auf die bunte Kleidung des Mannes und auf die nicht aufhörende Kofferflut, die sich auf Deck ergoß, bis mein Vater schließlich mit einer steifen Verbeugung seine Leute vorstellte. »Und das ist Mr. Berry«, sagte er zum Schluß.

Ich ließ vor Staunen die Freßschüssel fallen, die Hühner flatterten erschrocken hoch. Mr. Berry also, der Zuckerkönig, von dessen Plantage die sogenannten Wasserfässer stammten.

»Ich habe Mr. Berry bisher auch nur dem Namen nach gekannt«, sagte mein Vater, und ich wußte nicht, ob dies als Entschuldigung gelten sollte.

Mr. Berry legte vertraulich den Arm um die Schulter meines Vaters. »Das wird sich bald ändern, Master«, sagte er dann, während er eine goldene Schnupftabakdose aus der Tasche zog, »wir haben ja genügend Zeit, nicht wahr?«

Mein Vater trat einen Schritt zur Seite und wollte sich zurückziehen, aber Mr. Berry hielt ihn am Ärmel fest. »Verstehen Sie etwas von Kautabak, Meister?« fragte er vertraulich.

Ich sah, wie sich das Gesicht meines Vaters langsam rötete. »Spucknäpfe gibt es bei uns nur in den Mannschaftsräumen«, sagte er dann angewidert.

Mr. Berry blickte ihn verblüfft an. »Ein Gentleman vom Scheitel bis zur Sohle«, sagte er und schlug sich lachend auf die prallen Schenkel, »kein Kautabak, nein, so etwas! Etwa auch kein Alkohol?« fragte er dann mißtrauisch.

»Bei Operationen und Krankheiten gibt es bei uns welchen, wenn es nötig ist«, sagte mein Vater und verbeugte sich dabei, etwas von irgendwelchen Pflichten murmelnd.

Mr. Berry kratzte sich am Kinn und zog den kleineren der beiden Schwarzen zu sich heran. »Ich habe das Gefühl, wir sind auf das falsche Schiff geraten, mein Kleiner«, sagte er dann betrübt, »auf das absolut falsche Schiff. Kein Tabak und kein Alkohol! Und dabei hatte ich mir das alles so lustig vorgestellt.«

Ich glaube, auch die Mannschaft war bald der Meinung, daß Mr. Berry auf das falsche Schiff geraten sei. Hatte uns auf der Hinfahrt Kitty Robinson in Atem gehalten, so verlangte jetzt Mr. Berry Dinge, die uns die Haare zu Berg stehen ließen. Noch am selben Abend, als wir kaum das Durcheinander von Kisten und Fässern etwas gelichtet hatten, kam Josua zu uns in die Kombüse und forderte eine Flasche Olivenöl.

»Olivenöl«, sagte Sam unwillig, während er versuchte, einen Schinken in möglichst dünne Scheiben zu schneiden, »wofür braucht dein Master Olivenöl? Er ißt doch mit bei Tisch.«

»Master nicht brauchen Olivenöl für sich«, sagte Josua eifrig, »Olivenöl sein für Josua.«

Sam schnitt sich fast in den Finger. »Du brauchst Olivenöl? Wozu brauchst du denn Olivenöl?«

Josua zog eilfertig ein kleines Fläschen aus der Tasche und öffnete vorsichtig den Stöpsel. »Das hier Schönheitswasser«, sagte er stolz und hielt es Sam unter die Nase, der angewidert zurückzuckte, »Duft der tausend Inseln. Das mischen mit Olivenöl und Josua damit einreiben, überall einreiben, dann Josua gut riechen und glänzen. Für Master gut riechen, nur für Master«, fügte er rasch hinzu, als er sah, daß Sams Stirnadern zu schwellen begannen.

»Scher dich zum Teufel, Nigger!« sagte Sam grimmig und setzte die Messerspitze auf Josuas Brust, »spring, sonst gerb ich dir die Haut mit der neunschwänzigen Katze. Dann riechst du gleich viel besser.«

Josua zog sich beleidigt zurück, nicht ohne vorher die Warnung auszustoßen, daß er das seinem Master sagen müsse.

»Sag's dem Teufel seiner Großmutter«, schrie Sam hinter ihm her, »aber geh in Gottes Namen!«

»Er wird wiederkommen, Sir«, prophezeite Francis grinsend, »er wird noch vor dem Abendessen wiederkommen.«

»Auch wenn der Leibhaftige persönlich käme, würde ich ihm kein Olivenöl geben, um einen Nigger damit zum Duft der tausend Inseln zu machen«, sagte Sam grimmig und säbelte verbissen an seinem Schinken herum. »Unsereiner hat hier schließlich auch noch ein Wort mitzureden. Und das werd ich auch seinem feinen Herrn sagen, wenn er kommt.«

Josuas »feiner Herr« kam bereits fünf Minuten später. Er preßte seine füllige Gestalt durch die enge Kombüsentür und strahlte Sam an.

»Mr. – ah, wie war doch noch Ihr Name?« fragte er dann höflich.

»Ich bin Sam«, sagte Sam ruhig, »und ich gebe kein Olivenöl für Nigger, damit sie gut riechen.«

Mr. Berry nickte freundlich mit dem Kopf. »Gut, Sam, ich weiß, wie das auf Schiffen ist. Sie geben also im allgemeinen kein Olivenöl ab, gut. Im allgemeinen nicht, aber doch wohl im besonderen Fall – oder?« sagte Mr. Berry schmeichelnd und ließ dabei wie ein Zauberer ein Goldstück aus seiner Weste tanzen.

Sam sah das Goldstück, und für einen winzigen Augenblick, als seine Augen den Glanz erfaßten, dachte ich, er würde nachgeben. Aber dann stieß er sein Schinkenmesser mit einem grimmigen Lachen gegen die Münze, so daß sie mit einem Klirren unter den Tisch rollte, Mr. Berry erschrocken zurückwich und sich mit einem »Na, wir werden ja sehen!« zurückzog.

Mr. Berry bekam sein Olivenöl. Ich weiß nicht, wieviel er meinem Vater dafür zahlte, aber er bekam es. Und Josua bediente seinen Herrn am Abend mit vor Stolz und Öl triefendem Gesicht. Sein Geruch durchdrang die ganze Kajüte, so daß mein Vater nachher die Bullaugen öffnen ließ und lieber Brecher in Kauf nahm, als Mr. Berrys Schönheitsessenzen. Das Gespräch, das der 1. Offizier mit ihm suchte, lehnte er schroff ab. Es war sein Schiff, und wenn er den Duft der tausend Inseln ertrug, dann konnten es seine Männer auch. »Warum sollte ich ihm auch nicht einen Wunsch erfüllen, den einzigen Wunsch, den er hatte«, murmelte mein Vater ärgerlich vor sich hin, »und im übrigen bringt er mehr ein als 100 Sack Zucker.«
Aber es blieb nicht der einzige Wunsch, den Mr. Berry hatte. Es war nur der Anfang einer Reihe von absonderlichen Wünschen. Mit dem nächsten überfiel er den 2. Maat gleich am anderen Morgen, kurz nach dem Auslaufen. »Sie haben eine schöne Schrift, Sir«, sagte Mr. Berry bewundernd und schaute über die Schulter von Mr. Williams, der gerade die Geschwindigkeit auf der Logtafel eintrug, »schön groß und deutlich, wirklich.«
Der Maat schaute verblüfft hoch, aber bevor er sich noch zu diesem ungewöhnlichen Lob äußern konnte, legte ihm Mr. Berry bereits die Hand vertraulich auf die Schulter. »Würden Sie es wohl für möglich halten, daß ich einen Blick in das Logbuch werfe, Sir?«
»Das Logbuch, Sir?« fragte der Maat, »sagten Sie Logbuch?«
»Aber gewiß doch«, bestätigte Mr. Berry freundlich, »ich sagte Logbuch.«
»Und warum, Sir, möchten Sie das Logbuch?«
»Ich nehme an, es ist in der gleichen, schönen großen Schrift geschrieben, genau so, wie Sie gerade Ihre Notizen machen?«
»Das Logbuch führt der Kapitän«, sagte Mr. Williams steif, »es ist selbstverständlich in einer ordentlichen Schrift geführt.«
Mr. Berry nickte erfreut. »Ich dachte es mir, ja, ich war sogar sicher, daß mir der Kapitän es gestatten würde, dieses Buch auszuleihen.«

Dem 2. Maat traten Schweißperlen auf die Stirn. »Auszuleihen, Sir, sagten Sie auszuleihen?«

»Ich sagte auszuleihen«, wiederholte Mr. Berry geduldig, so, als erkläre er einem Schwerhörigen eine Lektion.

»Und wozu, Sir, wollen Sie . . .« Der Maat stockte hilflos.

Mr. Berry schob zwei Finger in seine Westentasche und wippte mit den Fußspitzen auf und ab. »Wissen Sie, es ist ganz einfach so, daß ich erst jetzt anfange mit Lesen und auch mit Schreiben natürlich, weil das für mich wichtig ist. Und Sie wissen doch, daß ich in meine alte Heimat zurückfahre, daß ich dort meinen Bruder treffe, nicht wahr?«

Mr. William schüttelte verwirrt den Kopf, doch Mr. Berry störte sich nicht daran. »Na ja, das mit dem Bruder ist vielleicht auch nicht so wichtig«, sagte er dann rasch und wischte eine imaginäre Feder auf seinem Anzug weg. »Ich kann auf jeden Fall noch keine Bücher lesen, verstehen Sie, ich kann nur lesen, was geschrieben ist, verstehen Sie«, seine Stimme wurde eindringlicher, »und deswegen wären mir Ihre Logbücher so angenehm. Mein Gott, Mann, verstehen Sie denn nicht, was ich will!« sagte er schließlich höchst gereizt, als der 2. Maat noch immer starr vor ihm stand.

Francis und ich putzten weiter an unseren Messingknöpfen, aber es verging keine halbe Stunde, und Mr. Berry lag glücklich wie ein Kind in einem der Segeltuchsessel und las in meines Vaters Logbuch. Er fuhr mit dem Finger die Zeilen entlang, buchstabierte die Worte laut vor sich hin, lachte zwischendurch, wobei ich mir nicht vorstellen konnte, was es in meines Vaters Logbüchern zu lachen gab. Francis legte den Lappen auf den Boden und schaute mich an. »Da sagen sie einem immer in der Schule, daß man es ohne Lesen und Schreiben zu nichts bringt, aber nun sieht man's ja wieder! Ich möchte überhaupt wissen, womit er handelt, mit Zucker allein kann er doch nicht so reich geworden sein!«

Womit Mr. Berry hauptsächlich handelte, erfuhr ich beim Mittagessen. »Nein, er ist kein Mende«, sagte er zwischen zwei in den Mund geschobenen Fleischbrocken hindurch, »er ist ein Ibo, ein reinrassiger Ibo. Mende züchtet mein Bruder in

Louisiana und verkauft sie dann nach Mexiko – dort nennt man sie nur Mandingos.« Er stopfte ein weiteres Stück Fleisch in den Mund und wandte sich dann dem 1. Maat zu. »Sie wissen, was Mandingo heißt?«

Der Maat schüttelte bedauernd den Kopf.

Mr. Berry lachte behäbig. »Schwarzer Teufel heißt es. So nennt man sie in Mexiko, und das sind sie auch. Ich mag sie nicht. Ich bevorzuge diese hier«, er klopfte Josua zärtlich auf die Schenkel, »die sind zarter, feiner, nicht so bullig.«

Ich reichte ihm die Gemüseschüssel, Mr. Berry türmte sich den Teller hochauf. »Deswegen fahre ich ja nach Liverpool«, fuhr er dann fort und blickte in die Runde, »zum 70. Geburtstag meiner Mutter. Mein Bruder kommt auch hin, aber vermutlich will er mir nur mit seinen beiden Mandingos imponieren, die er meiner Mutter zum Geschenk macht.« Er wischte sich das triefende Fett vom Mund und lachte. »Aber was können die schon? Boxen, Leute umbringen, nee«, er schüttelte sich. »Von mir bekommt sie was anderes« fuhr er dann fort, während er verbissen mit dem Fleisch kämpfte, »eine ganze Kiste voll Golddukaten. Die sollen sehen, was aus dem schwächlichen kleinen Christian geworden ist, den sie fast haben verhungern lassen. Sollen sehen, daß er drei Geldkatzen auf einmal bei sich trägt. Alle sollen es sehen, vor allem Charles. Charles ist mein Bruder, der mit den Mandingos«, erklärte er bereitwillig.

Die Offiziere schauten gequält auf ihre Teller, mein Vater bot Mr. Berry die Soße an, doch dessen Redefluß versiegte trotzdem nicht.

»Betrogen haben sie mich damals, beim Erbe, haben mir nichts abgegeben als ein paar lumpige Pfund. Der eigene Bruder.«

Mr. Hudson reichte ihm ein drittes Mal die Fleischplatte, aber Mr. Berry ließ sich nicht mehr einfangen, nun, da er seinen Groll loswerden wollte. »Haben heute nur noch ein verfallenes Scheunendach über sich«, sagte er verächtlich, »aber Christian Berry hat zwei Zuckerfabriken, eine Baumwollplantage und züchtet die besten Nigger auf ganz Barbados und Jamaika.«

Ich glaube, wir alle atmeten auf, als diese Mahlzeit vorüber war. Mein Vater blickte verärgert seine Offiziere an, aber

diesmal gelang es ihm nicht mehr, das Gespräch einfach abzu-
würgen.

»Ich kann ihn schließlich nicht mit seinen nach Schönheitswas-
sern duftenden Niggern in die Kabine einsperren«, wehrte er
sich, »was soll ich denn machen mit ihm?«

»Wir könnten ihn auf ein anderes Schiff abschieben«, schlug
der 1. Maat vor.

»Das geht leider nicht, weil er mir bereits –«, mein Vater
stockte und biß sich auf die Lippen, »es geht eben nicht.«

»Wir könnten ihn . . .«

»Er bleibt hier«, unterbrach mein Vater den 1. Maat grimmig,
»wir werden ihn ertragen, so lange dauert die Reise nicht.«

Und so ertrugen wir den Plantagenbesitzer, wie wir einst Kitty
ertragen hatten. Kitty, die übrigens den Anstoß zum ersten
handfesten Streit zwischen Mr. Bryan und Mr. Berry gab.

Es war nur drei Tage später, an einem Nachmittag, als es fast
windstill war und wir mit schlaffen Segeln dahintrieben. Ich
saß mit Francis auf dem Achterdeck beim Fischen, aber die
Sonne brannte so stark, daß wir unsere Angeln halb schlafend
ins Wasser hängten. Mr. Berry saß, vergnügt vor sich hin le-
send, wieder mit meines Vaters Logbüchern auf einer Taurolle.
Ab und zu trug der Wind ein mühsam buchstabiertes Wort zu
uns herüber, ansonsten hörten wir nur sein Murmeln. Als der
Segelmacher auf Deck kam, begann zwischen den beiden eines
der üblichen Gespräche, die ich schon kaum mehr ertragen
konnte.

»Aber sicher hat mein Josua eine Seele, und auch Simson«,
sagte Mr. Berry gerade, »und sie kommt bei mir bestimmt
nicht zu kurz. Ich liebe meine Kinder, nicht wahr?« Er ließ
seine Hand über den Nacken des Knaben gleiten, der zu seinen
Füßen saß und ihm mit einem Elfenbeinfächer Luft zufächerte.
»Ich sag's ja immer wieder, es lohnt sich, die Nigger gut zu behandeln. Bei mir hat noch keiner eine Narbe gehabt. Nigger
gehorchen am besten, wenn man sie gut behandelt.«

»Sie meinen, so bringen sie am meisten ein?« gab der Segelmacher bedächtig zurück.

»Natürlich bringen sie dann noch mehr ein«, sagte Mr. Berry

mit der größten Selbstverständlichkeit. »Glauben Sie denn, jemand zahlte für einen ausgepeitschten Nigger voll Striemen mehr als 20 Pfund? Ich habe erst kürzlich zu meinem Verwalter gesagt . . .«

Francis und ich erfuhren leider nicht mehr, was Mr. Berry zu seinem Verwalter gesagt hatte, da soeben Kitty Robinson auf Deck erschien. Es war das erste Mal seit ihrer Krankheit, und sie erschien mir so blaß, daß ich mich fragte, ob Dr. Bryan, der hinter ihr die Treppe heraufkam, mitging, um sie zu stützen, oder weil er ohnehin an Deck wollte.

»Was haben Sie zu Ihrem Verwalter gesagt, Sir?« fragte jetzt der Segelmacher hinter der Taurolle.

Ich hörte Mr. Berrys heftiges Schnaufen, dann seine heisere Stimme.

»Wer ist denn das?«

»Das ist Miß Robinson«, erklärte der Segelmacher.

»Miß Robinson«, murmelte Mr. Berry und legte Vaters Logbuch achtlos auf den Boden. »Eine Miß an Bord, und ich weiß nichts davon!« Ein Seufzer wurde hörbar, dann schwappte seine Stimme vor Begeisterung über. »Und was für eine Miß! Diese Fesseln, kein Gramm zuviel, und die Haut so zart und rosig wie bei einem Niggerbaby! Und erst . . .« Er unterbrach sich und starrte Kitty Robinson nach, die inzwischen an der Reling lehnte. »Sagen Sie, was für Zähne hat Miß Robinson?«

Der Segelmacher ließ die Nadel sinken. »Was für Zähne?« wiederholte er dann verblüfft.

»Ja, ihr Gebiß interessiert mich«, sagte Mr. Berry erregt, »ich schau mir immer zuerst das Gebiß an bei Niggern, bevor ich sie kaufe. Taugt das Gebiß nichts, taugt meistens der ganze Kerl nichts.«

Ich glaube, wenn Mr. Berry nicht so bis über beide Ohren von seinen üblichen Kaufgewohnheiten berauscht gewesen wäre, so hätte er ganz sicher den Schatten bemerkt, der auf seinen Hut fiel. So aber sah er Dr. Bryan erst, als dessen Faust bereits auf ihn niedersauste. Daß der Schlag nicht auf seinem Kopf, sondern auf dem zerrissenen Topsegel des Segelmacher landete, verdankte er nicht der plötzlichen Sinnesänderung des

Doktors, sondern der Tatsache, daß Josua sich wie eine Tigerkatze an Mr. Bryans Arm krallte.

»Miß Robinson ist kein Nigger, den Sie mit Ihrem stinkigen Geld kaufen können«, sagte Mr. Bryan schließlich mit hochrotem Gesicht, nachdem er den Jungen abgeschüttelt hatte, »sie ist eine Lady, und ihr Gebiß hat höchstens mich als Arzt zu interessieren – haben Sie das verstanden?«

Mr. Berry nickte mechanisch und völlig verblüfft und zog Josua zu sich heran, aber ich glaube, er hatte überhaupt nichts verstanden. Was hatte er schon anderes getan als das, was ihm inzwischen in Fleisch und Blut übergegangen war – einen Menschen nach seinem Wert zu taxieren, auch wenn er sich diesmal in der Farbe irrte?

»Ich wußte gar nicht, daß die Dame Ihre Gattin ist«, sagte er schließlich stotternd, als Bryan noch immer zornig mit erhobenen Fäusten vor ihm stand. »Ich dachte, ich hätte Miß verstanden.«

Ich sah zu Kitty hinüber, die bis jetzt ohne ein Wort zu sagen an der Reling stand und der jetzt langsam die Röte ins Gesicht stieg.

»Die Dame ist nicht meine Frau«, gab der Doktor gereizt zurück. »Die Dame war meine Patientin während der letzten Wochen. Aber deswegen brauchen Sie sie trotzdem nicht wie ein Stück Vieh zu taxieren, verstehen Sie?«

Mr. Berry nickte wieder, diesmal jedoch etwas weniger eingeschüchtert. »Die Dame ist also nicht Ihre Gattin«, stellte er fest und zog spielerisch seine goldene Uhrkette aus der Westentasche. »Ist sie etwa niemandes Gattin?«

Gott sei Dank kam in diesem Augenblick mein Vater an Deck und schaute fragend auf die Gruppe, die sich noch immer stumm gegenüberstand. »Ist etwas?« fragte er.

»Es hat Mißverständnisse gegeben«, erklärte Mr. Berry würdevoll. »Ich hielt diese Dame für die Gattin des Doktors, aber sie ist es wohl nicht.« Daß Kitty Robinsons Gebiß Ausgangspunkt für diesen Streit gewesen war, verschwieg er wohlweislich. Und der Laune nach, die Mr. Bryan für den Rest des Tages mit sich herumtrug, war es sicher auch gut so.

»Macht nichts«, sagte Mr. Berry fröhlich, als ihm der 2. Maat riet, dem Doktor am besten eine Weile nicht zu nahe zu treten, »ich brauche ihn bestimmt nicht. Ich bin noch nie in meinem Leben richtig krank gewesen.«

Zwei Tage später jedoch kam Mr. Berry mit allen Anzeichen schwerer Verstörtheit in die Kombüse. Er zerrte Simson hinter sich her, der mit weit aufgerissenen Augen auf seinen Arm starrte. »Wo ist Dr. Bryan?« schrie Mr. Berry aufgeregt. »Wo um Himmels willen ist Mr. Bryan? Ich habe ihn im Cockpit gesucht, in den Laderäumen, auf Deck ist er auch nicht. Wo ist er?«

Francis kam gerade mit einer Schüssel voll Eiern herein und deutete mit dem Kopf zu den Hühnerställen. »Er schaut sich die Hennen an, weil . . .«

»Der Teufel soll ihn holen mit seinen Hennen!« schrie Mr. Berry außer sich. »Was macht er nur bei den Hühnern, wenn Simson vielleicht die Pocken hat!«

Francis stellte die Schüssel auf den Tisch und begann zu zittern. »Die Pocken«, flüsterte er, »die Pocken?« Dann schrie er gellend auf und raste aus der Kombüse. »Mr. Berrys Nigger hat die Pocken! Mr. Berrys Nigger hat die Pocken!«

Die Matrosen, die gerade an Deck waren, liefen zusammen. Mr. Bryan wischte sich gerade die Hände an einem Tuch ab.

»Könnten Sie sich vielleicht beeilen«, sagte Mr. Berry wütend, »ich weiß gar nicht, was Sie bei den Hühnern machen, wenn doch mein Simson die Pocken hat.«

Mr. Bryans Augen wurden zu Schlitzen. »Die Pocken?« sagte er dann ruhig, ohne auf die Vorwürfe einzugehen, »ich wüßte nicht, wo Ihre Nigger jetzt die Pocken herhaben sollten. In Barbados waren keine. Wissen Sie überhaupt, wie die aussehen?«

Mr. Berry schüttelte ärgerlich den Kopf. »Gott sei Dank nicht, aber schauen Sie sich nur seine Haut an, seine schöne Haut, er hatte die bessere Haut von den zweien, deswegen wollte ich ja auch mit ihm weiterzüchten und nicht mit Josua, obwohl Josua natürlich auch seine Vorzüge hat.«

Dr. Bryan nahm den Arm Simsons, auf dem rote Quaddeln

zu sehen waren, in die Hand und betrachtete sie aufmerksam, während Mr. Berry aufgeregt hin und her stapfte. »Mein Gott, wenn ich mit ihm nicht weiterzüchten könnte, dann wäre die Arbeit von zwanzig Jahren kaputt, was meinen Sie, Doktor?«

Mr. Bryan hob den Kopf und begann zu grinsen. »Mit dem können Sie noch länger als zwanzig Jahre züchten«, sagte er dann und gab dem Nigger einen Klaps, »der macht Ihnen gut und gern noch fünfzig kleine Ibos. Nur sollten Sie ihm heute nacht ein Nachthemd mit langem Arm anziehen – er hat doch sicher eines?«

Mr. Berry nickte verwirrt. »Ja, ja, er hat eines, aber er mag keines mit langem Arm, da schwitzt er immer so, und wenn er schwitzt, könnte er sich ja erkälten. Er könnte doch Lungenentzündung bekommen, und dann könnte ich ja nicht mehr mit ihm . . .« Mr. Berry unterbrach sich. »Hallo, Doktor, warum sollte es eigentlich besser sein, wenn er ein Nachthemd mit langem Arm anzieht?«

»Weil dann die Wanzen nicht so gut an ihn rankönnen«, sagte Dr. Bryan und wandte sich ab.

»Wanzen?« rief Mr. Berry verblüfft. »Sie meinen Wanzen?« Und dann mit veränderter Stimme: »Hallo, Doktor, Sie haben Wanzen auf dem Schiff, stimmt das, richtige Wanzen?«

Mr. Bryan blieb stehen und drehte sich kopfschüttelnd um. »Hören Sie, Mister . . .«

Aber Mr. Berry ließ ihn nicht ausreden. »Hören Sie, ich habe einige Goldbarren für diese Überfahrt bezahlt, und da haben Sie Wanzen auf Ihrem Schiff?«

Mr. Bryan streifte seine Hemdärmel herunter. »Wanzen und Kakerlaken sind nicht meine Angelegenheit«, sagte er dann kurz. »Ich habe mich um andere Dinge zu kümmern als um das.«

Mr. Berry stemmte die Hände in die Hüfte. »Kakerlaken auch noch? Und nicht Ihre Sache? Na, das werden wir ja klären!« Er schob die beiden Nigger vor sich her und stampfte wie eine Fregatte, die den Wind im Rücken hat, auf den Niedergang zu.

Was unten in der Kajüte meines Vaters vor sich ging, hörten wir zunächst nicht, weil wir uns alle vor Lachen bogen. »Mr. Berrys Wanzennigger wird es für einige Tage gut haben«, sagte der Segelmacher.

»Vermutlich wird er ihm nicht mal die Schuhschnallen zumachen müssen«, sagte Francis.

Die Frage, wer für Wanzen und Kakerlaken zuständig sei, beschäftigte die Mannschaft noch den ganzen Tag über.

Mein Vater lief mit zorngerötetem Gesicht übers Deck und knurrte jeden an, der sich ihm nur näherte. Selbst ich ging ihm aus dem Weg, obwohl ich eigentlich gar nicht verstand, was ihn an der Sache so ärgerte. Kakerlaken gab's auf allen Schiffen, und Wanzen hatte es auch auf der Herfahrt gegeben und auf früheren Fahrten, zumindest hatte er uns davon immer wieder erzählt. Als ich ihn am Abend daraufhin ansprach, war seine Reaktion noch schlimmer als vermutet.

»Natürlich weiß ich, daß es hier in diesem Klima Kakerlaken gibt«, sagte er wütend, »und es stört ja auch niemanden von uns. Man steht auf und schüttelt sich und schläft weiter. Oder auch nicht. Aber es sind unsere Kakerlaken, verstehst du; wenn ein Fremder auf dem Schiff ist, ist das anders. Und überhaupt, dieser verdammte Zuckerkönig, der glaubt, mit seinem Geld könne er alles kaufen – sogar ein Schiff ohne Kakerlaken. Das ist es, was mich so ärgert.«

Ich verstand zwar immer noch nicht, weshalb es einen Unterschied geben sollte zwischen eigenen Kakerlaken und den mit den Augen eines Fremden besehenen, aber offenbar spielte das auch für meinen Vater nun keine Rolle mehr. Uns allen schaffte auf jeden Fall die Pockenhysterie des Mr. Berry eine zusätzliche Arbeit. Sämtliche Decks wurden mit scharfer Sandseife geschrubbt, alle Messingteile so blank geputzt, daß sie fast durchsichtig waren. Der Zahlmeister und der 3. Maat mußten ihre Kabinen Mr. Berry und dessen Nigger abtreten, während Simson faul in der Sonne lag und sich von Josua mit kühlendem Meerwasser Umschläge auf seine mißhandelten Arme machen ließ.

Daß Mr. Berry mehr einbrachte als hundert Sack Zucker, hätte mein Vater zu diesem Zeitpunkt sicher nicht mehr behauptet. Aber wenn er gewußt hätte, daß dies alles nur den Anfang unserer Abenteuer mit Mr. Berry bedeutete, dann hätte er sich an jenem Nachmittag, als er ihm erlaubte, an Bord zu gehen, sicher etwas gründlicher überlegt, ob er den kleinen Nebenverdienst nicht doch besser verschmähen sollte.

Für die Mannschaft jedoch war der Plantagenbesitzer ein echter Zeitvertreib. Wenn sie des Nachmittags während ihrer Freiwache zum Fischen achtern hockten, nahm Mr. Berry oft seine Pfeife und setzte sich gemütlich daneben. Am meisten interessierte die Männer natürlich – und sie konnten diese Geschichte nicht oft genug hören – wie Mr. Berry zu einem Zuchtergebnis wie bei Simson kam.

»Das ist doch sicher kein Zufall, Sir, daß er so geworden ist«, wagte der Segelmacher einzuwenden, als wieder einmal die Rede von der Vollkommenheit dieses »Zuchtniggers« war. »Das gibt es doch gar nicht, das wäre ja wie beim lieben Gott!«

Mr. Berry lachte geschmeichelt. »Das, was ich hier gemacht habe, kann nicht einmal der liebe Gott«, sagte er dann ernsthaft, »er ist mein Geschöpf, wirklich, meine Herren. Ich sagte Ihnen ja schon, daß ich früher Rindvieh gezüchtet habe, da lernt man dann einfach die Schliche, auf die es ankommt.«

»Aber dazu braucht man doch auch Zeit«, sagte ein anderer. »Wenn man einen Nigger mit zwanzig kauft und ihn dann mit einer Niggerfrau zusammengibt, dann kann man doch erst wieder in zwanzig Jahren weitermachen.«

Mr. Berry schlug sich klatschend auf die Schenkel. »Genau das ist eben der Irrtum«, sagte er dann. »Ich habe Simsons Großvater mit vierzehn Jahren gekauft, er ist heute«, er begann an den Fingern abzuzählen, »na ja, das ist ja auch nicht so wichtig. Auf jeden Fall habe ich ihn mit vierzehn gekauft und mit fünfzehn zum erstenmal gepaart. Er war natürlich groß und stark für sein Alter. Die Ibofrau, die ich ihm gegeben habe, hat mir sofort Drillinge geworfen, ein Wurf, wie man ihn sonst nicht gleich sieht. Gut. Es waren drei Knaben. Ich habe sie mehr beobachtet als meine ganze Zuckerfabrik, meine erste, die damals schon mein Verwalter geleitet hat. Wie heute übrigens auch, ich beschäftige mich ja nur noch mit der Züchtung. Wissen Sie«, er holte Simson mit einem Wink zu sich heran, »ich wollte schmale Fesseln, ich hab dafür nun mal was übrig, und keine allzu festen Muskeln an den Armen und Schenkeln. Hier, schauen Sie!« Er drehte den Knaben langsam im Kreis, so daß die Männer ihn anschauen konnten. »Das war's, was ich haben wollte.«

»Aber das ist doch gerade das, was man sonst nicht . . .«

»Doch, weiße Ladys wollen das«, unterbrach Mr. Berry, »sie wollen die schwarze Schönheit, aber sie wollen keine Angst dabei haben, verstehen sie?«

Die Männer nickten staunend. »Und was haben Sie dann gemacht mit den drei Knaben?«

»Ich habe den genommen mit den schlankesten Fesseln und den zartesten Muskeln, aber natürlich nicht den schwächlichsten, aber auch nicht den bulligsten. Und den kreuzte ich dann mit einem kräftigen Ibomädchen. Und der Erfolg steht vor Ihnen. Wobei ich natürlich noch mehr von der Sorte zu Hause habe, aber er war der schönste, deswegen durfte er auch mit.«

»Aber für die Plantagen taugt er doch nichts«, sagte einer der Männer verächtlich, »der fällt doch schon beim ersten Zuckersack um.«

»Für die Plantagen ist er ja auch nicht gedacht«, sagte Mr. Berry würdevoll, »solche wie ihn verkaufe ich in die feinsten Häuser nach Übersee. Als Butler. Oder für die Kinder zum Spielen, als Hund zum Beispiel, um darauf zu reiten. Als Kutscher. Oder als Türöffner.«

»Und was machen Sie mit dem anderen, auch züchten?«

Mr. Berry lachte und zog Josua auf seine Knie. »Der kann andere Dinge als Negermädchen besteigen, nicht wahr, mein Kleiner?«

Er tätschelte liebevoll den zarten Nacken des Knaben. »Der muß keine harte Arbeit leisten.«

Welche anderen Sachen Josua konnte, erfuhr ich zwar nicht einmal von Sam, aber daß er da, wo bei anderen Männern das war, was sie zu Männern machte, nichts hatte, wußte bald das ganze Schiff.

»Daß man das kann«, sagte einer der Männer kopfschüttelnd, »Menschen selber machen, so ganz allein . . .«

Mr. Berry begann seine Pfeife neu zu stopfen. »Ganz einwandfrei ist Simson auch nicht«, räumte er dann ein, »einen kleinen Fehler hat natürlich jeder. Bei ihm ist es das Ohrläppchen. Es hängt nicht frei, sondern ist angewachsen. Außerdem ist seine Haut zu stumpf, ich weiß einfach nicht, woran das liegt, seine Verdauung ist in Ordnung. Aber was macht das schon? Wenn man ihn in einem Meter Entfernung betrachtet, ist er vollkommen. Und wenn ich in einem Jahr mit ihm zu züchten anfange, kriege ich das vielleicht auch noch weg.«

Seit diesem Gespräch hieß es bei den Männern, wenn einer seine Arbeit schlecht machte, nur noch: »Kein Wunder, dein Ohrläppchen ist ja auch angewachsen!« Oder: »Wenn deine Haut nicht so stumpf wäre, würdest du nicht wie ein lahmer Esel in den Wanten hängen!« Sosehr die Männer jedoch ihren Spaß mit dem Plantagenbesitzer und seinen beiden Niggern hatten, sosehr ärgerte sich mein Vater über ihn und vor allem über sich. Vor allem deswegen, weil er auf der Hinreise bei jedem Ärger mit Kitty immer bemerkte: »Ich mußte sie nehmen. Konnte ich etwa die Tochter des Reeders ablehnen?« Aber Mr. Berry hatte er nicht nehmen müssen, Mr. Berry hatte er nehmen wollen. Wegen seiner Golddukaten. Damit diese Reise vielleicht seine letzte wurde und er eines Tages in die Fußstapfen von Mr. Berry treten konnte. Eine Zuckerplantage auf Jamaika oder Barbados. Das war es, was er wollte. Dafür lebte er. Manchmal hatte ich überhaupt das Gefühl, er wollte jetzt gar nicht richtig leben, er wollte später leben. Dann, wenn er die Zuckerplantage erst hatte. »Du könntest sie leiten«, sagte er einmal zu mir. »Wenn du noch drei- oder viermal mit auf Fahrt gehst, hast du die nötige Erfahrung mit Sklaven und den richtigen Blick. Dann kommst du mit nach Jamaika.« Daß er über mich und meinen zukünftigen Beruf verfügte wie über seine Männer, war schon schlimm genug. Aber daß er mich nicht einmal fragte, ob ich überhaupt bereit war, in dieses Klima zu ziehen, erschütterte mich dann doch. Aber was gab es für mich sonst schon anderes zu tun, als den Beruf meines Vaters zu ergreifen, wenn schon mal ein Schiff da war? Auch Bäckersöhne wurden schließlich Bäcker, wenn der Vater eine Bäckerei hatte. Warum also ich nicht auch Sklavenhändler? Ich glaube, ich wäre auch zu diesem Zeitpunkt gar nicht auf die Idee gekommen, mir zu überlegen, ob es nicht doch noch etwas anderes gäbe, wenn ich nicht ein paar Tage später mit Mr. Hudson ein Gespräch gehabt hätte, das mich ganz plötzlich andere Möglichkeiten ahnen ließ.

Es war an einem Sonntag, und ich saß nach dem Mittagsessen in der Kombüse, weil dies der einzige große Tisch war, den ich zum Schreiben hatte.

»Sie führen ein Tagebuch«, sagte Mr. Hudson mit einem prüfenden Blick auf meine vollgeschriebenen Blätter.

»Nur ein ganz privates«, sagte ich errötend und deckte die Hand über die Zeilen, »nur für mich und . . .«

»Und?«

»Und für meine Tante Fanny. Sie ist blind und möchte gern wissen, was alles geschieht.«

»Und was schreiben Sie für sie auf?«

Ich zögerte. »Sie wünscht immer Liebesgeschichten zu hören. Aber ich habe ihr gleich gesagt, daß es das ja hier nicht gibt.«

Mr. Hudson lächelte. »Finden Sie?«

Ich stutzte und überlegte in Windeseile, was ich wohl übersehen haben könnte.

Mr. Hudson nahm seine Zeichenmappe unter den Arm und ging zur Tür. »Sie müssen auf die kleinen Zeichen achten«, sagte er dann und kniff ein Auge zu, »auf die kleinen Zeichen der Liebe.«

Ich starrte ihm nach. Und dann auf meine Sätze, die ich gerade geschrieben hatte. »Mr. Bryan haßt inzwischen Kitty so sehr, daß er ihr nicht einmal mehr die Tür aufhält.« Ich las den Satz einmal, zweimal, aber ich konnte nichts in ihm entdecken, was auf etwas anderes schließen ließ als auf eben das, was ich geschrieben hatte – nämlich, daß Mr. Bryan es inzwischen nicht einmal mehr nötig fand, Kitty Robinson die Tür aufzuhalten.

Ich hätte sogar noch dazuschreiben können, daß er sie ihr neulich vor der Nase zugeknallt hatte, und dies ganz offenbar mit Absicht.

Am nächsten Tag kam Mr. Hudson während meiner Freiwache wieder zu mir in die Kombüse. Er blätterte unschlüssig in seiner Mappe, dann sah er mich an. »Warum machen Sie eigentlich das Schreiben nicht zu Ihrem Beruf?« fragte er dann plötzlich.

»Zu meinem Beruf?« fragte ich verblüfft. »Wie sollte ich das Schreiben zu einem Beruf machen?«

»Nun, Sie könnten zum Beispiel zu einer Zeitung gehen und Berichterstatter werden, das wäre doch eine Möglichkeit, oder?«

Ich fühlte, wie mir heiß und kalt wurde. »Ich habe doch schon einen Beruf«, stotterte ich, »mein Vater hat doch schon für mich entschieden. Er hat mich auf diese Reise mitgenommen, damit ich endlich zu einem Mann werde. Ich sollte, er wollte . . .« Ich hörte auf, weil ich spürte, daß plötzlich alles hohl klang, was ich sagte, weil ich selber nicht mehr wußte oder glaubte, was mein Vater eigentlich wollte.

Mr. Hudson lächelte: »Sie sollten zu einem Mann werden, soso, natürlich kann man das auf einem Sklavenschiff werden. Vor allem dann, wenn man die richtige Veranlagung dazu hat. Das sollte man eben wissen.«

Ich rutschte auf meinem Hocker hin und her. »Und Sie meinen, ich habe sie nicht?«

»Hat es Ihnen Spaß gemacht, Egbo hängen zu sehen?« fragte Mr. Hudson zurück.

Ich schluckte.

»Und was haben Sie empfunden, als Yamba ins Meer sprang?«

Ich fühlte meine Finger steif werden.

»War es ein schöner Anblick für Sie, als die Mutter ihr totes Kind noch nach Tagen in den Armen hielt?«

Ich sprach noch immer nichts.

»Aber natürlich wird man auf diese Art und Weise ein Mann, wenn Sie schon die Vorstellung haben, daß ein Mann hart, brutal und ohne Gefühl sein muß, um eben ein Mann zu sein und sich dadurch von einer Frau zu unterscheiden. Ihr Vater hatte schon recht, daß er Sie mitnahm auf die Reise. Beim zweiten Mal werden Sie bereits alles weniger schlimm finden als jetzt. Und beim dritten Mal werden Sie vielleicht schon Gefallen daran haben, wenn man einen »Runaway« öffentlich aufknüpft!«

Ich hatte Mr. Hudson noch nie so lange reden hören. Er sprach nicht einmal besonders eindringlich, er sagte es eigentlich mehr so, wie wenn er sagte: »Möchten Sie noch Gemüse, Sir?« Ich glaube, deshalb traf es mich besonders.

»Aber wenn mein Vater es doch möchte«, sagte ich schließlich, als Mr. Hudson seine Mappe hochnahm und sich zum Gehen wandte.

»Ob Sie töten wollen, müssen Sie schon selber entscheiden«, sagte er ruhig, »das nimmt Ihnen niemand ab. Auch nicht Ihr Vater. Und wenn Sie es nicht ein ganzes Leben lang tun wollen, dann entscheiden Sie sich besser, bevor es zu spät ist.«

Der Klang von vier Glasen drang zu uns herunter, ich räumte mein Journal zur Seite und machte mich an die Zubereitung des Abendessens. Ich stieg in die Vorratskammer hinunter, berechnete die Rationen für die Männer, dann hackte ich Zwiebeln, holte das Pökelfleisch aus den Fässern und dachte auf meinem Küchenstuhl über Mr. Hudsons Rede nach.

In der Nacht konnte ich nicht schlafen. Und dann hatte ich den entsetzlichsten Alptraum, den ich je hatte. Ich stand oben auf Deck und starrte an den Himmel, an dem ein seltsames Brausen zu hören war. Erst dachte ich, daß es Vögel seien, aber dann merkte ich, daß das Geräusch aus den vollgeblähten Segeln kam. Aus den Segeln, die schwarz von Niggern waren, von toten Niggern. Alle Segel hingen voll mit ihnen, selbst an den Royals und an den Schrattsegeln hingen sie noch und schlenkerten ihre Arme und Beine wie Marionetten hin und her. Dann mit einem Male, ganz plötzlich, hörten die Bewegungen auf, und ein Schatten kletterte langsam zum Großstengestagsegel hinauf. Als ich genauer hinsah, entdeckte ich, daß es Mr. Bryan war. Er trug ein langes Entermesser im Mund, um besser in die Wanten steigen zu können, und mit diesem Messer schnitt er die Nigger ab. Einen nach dem anderen, von Segel zu Segel dabei kletternd. Ich stand an die Flaggkiste gelehnt und spürte, wie mir der Schweiß in Strömen den Rücken herunterlief, als die Nigger plötzlich nicht mehr tot waren, sondern einen Shanty singend auf mich zukamen. Allen voran Egbo, der einen Hirschfänger mit lautem Lachen durch die Luft wirbeln ließ. Als sie nur noch wenige Meter von mir entfernt waren, schrie ich gellend auf und versuchte zu fliehen. Aber Egbo hatte mich inzwischen erreicht und zerrte mich an meinem Hemd hin und her. Ich spürte seinen heißen Atem im Gesicht, dann wußte ich nichts mehr. Bis ich das wütende Gesicht Sams über mir sah.

»Wirst du wohl aufhören zu schreien«, knurrte er wütend, »wenn die Kakerlaken einen mal eine Nacht in Ruhe lassen, dann mußt du schreien, wie wenn dir jemand ein Messer zwischen die Rippen stecken würde!«

Ich starrte ihn an, sein großes, breites Gesicht, wie es im Mondlicht über mir stand, dann wischte ich meine schweißnassen Arme am Laken trocken und stieg langsam aus meiner Koje. Ich tappte, noch immer halb schlafend, den Niedergang hinauf. Droben an Deck war alles ruhig, nur die gleichmäßigen Schritte der Wache waren zu hören. Das Schiff lag ruhig auf den Wellen, ein glasklarer Sternenhimmel wölbte sich über uns. Ich legte den Kopf in den Nacken und sah verstohlen zu den Segeln hinauf – ich tastete sie alle mit den Augen ab, bis hinauf zu den Royals – es hingen keine schwarzen Gestalten daran.

Am anderen Morgen hatte ich meinen Traum fast vergessen, das Gespräch mit Mr. Hudson jedoch nicht. Mir fiel plötzlich wieder ein, was unser Lehrer in der Schule einst gesagt hatte, wenn er meine Aufsätze vorlas und sie den anderen als Vorbild hinstellte. Oder der Pfarrer, wenn ich kleine Artikel für seine Kirchenzeitung schrieb. Oder Tante Fanny, die glücklich war, wenn ich ihr meine Geschichten vorlas. Und mit einem Male erschien mir die Idee von Mr. Hudson gar nicht mehr so abwegig wie am Tage zuvor. Ich konnte mir plötzlich vorstellen, hinter einem Schreibtisch zu sitzen und andrer Leute Texte zu beurteilen. ›Nein, Sir, Sie haben zu viele Kommata gesetzt, und außerdem sitzen sie alle an der falschen Stelle.‹ Ich sah mich auf den Spuren der Eiszeitmenschen, mit Archäologen zusammen durch die Wüste reisen, und ferne Länder schienen mir plötzlich so nahe wie Wallasey und Birkenhead. Daß ich mich allerdings noch während dieser Schiffsreise endgültig für diesen Plan entscheiden würde, davon ahnte ich an diesem Morgen noch nichts. Denn nichts , aber auch gar nichts deutete darauf hin, daß diese Reise nicht genauso ereignislos zu Ende gehen würde, wie sie begonnen hatte.

Zunächst allerdings verlief alles noch in ganz ruhigen Bahnen. Mr. Berry, an den wir uns inzwischen gewöhnt hatten, verbrachte seine Tage im Liegestuhl auf Deck und blätterte immer wieder in Vaters Logbüchern, die er inzwischen sicher schon auswendig kennen mußte, falls er sie überhaupt verstand. Dr. Bryan gab sich sehr intensivem Whiskygenuß hin, nun, da seine Patientin wieder auf den Beinen war. Kitty nahm nach wie vor ihr Häkelzeug auf und schlenderte davon, wenn der Doktor in ihre Nähe kam. Mir erschien das alles unnatürlich. Manchmal fielen mir auch die Sätze wieder ein, die Mr. Hudson und Dr. Bryan in jener Nacht miteinander wechselten, bevor wir in Barbados vor Anker gingen. Sätze, die ich damals nicht verstanden hatte. Jetzt meinte ich manchmal, daß ich sie verstehen könnte, und bisweilen dachte ich sogar ganz kühn, daß es vielleicht doch noch eine solche Geschichte geben würde, wie Tante Fanny sie mochte. Aber so, wie die Dinge jetzt standen, hatte ich wenig Hoffnung, daß es dazu kommen konnte. Zwar hatte sich Kitty verändert, sie schien nur noch einen Bruchteil ihrer Zeit für die Garderobe aufzuwenden, die Brennschere hatte sie schon seit Bonny nicht mehr benutzt, und im übrigen schien es, als sei sie mit ihren Gedanken ständig anderswo. »Wetten, daß sie nicht einmal merkt, wenn du ihr eine Fischgabel hinlegst, anstelle der normalen Gabel«, sagte Francis. Sie merkte es wirklich nicht.

»Das hängt eben immer noch mit ihrer verflixten Krankheit zusammen«, sagte Sam, als ich ihm davon erzählte, »manche brauchen da Wochen, bis sie wieder ganz normal sind.«

Aber ich konnte daran nicht glauben. Mir schien es einfach so, als müsse es noch andere Gründe für Kittys Veränderung geben. Aber diese Gründe wußte ich nicht. Und falls ich sie wußte, tief innen ahnte, hätte ich sie mir vermutlich nie eingestanden. Denn noch immer war Kitty Robinson für mich ein Gegenstand der Anbetung. Auch wenn ich jene Szene in Bonny heute nicht mehr für möglich hielt. Aber es verging kaum ein Tag, an dem ich mir nicht Situationen ausmalte, in denen ich Kitty aus irgendeiner gefährlichen Lage befreite. Ich ließ sie vom Poopdeck aus in die See hinunterfallen und sprang ihr in kühnem Flug nach, ohne mich erst meiner Kleider zu entledigen. Ich kletterte ihr bis zur Fockmarssaling nach, auf die sie sich vor Piraten geflüchtet hatte, oder ich harpunierte einen Hai zu Tode, bevor er seine Kiefer in ihren Leib schlagen konnte. Eines hatte ich bei all meinen Gedankenspielereien mit allen möglichen Gefahren immer ausgeklammert, einfach, weil ich daran nicht dachte – das Feuer. Zwar hatte ich genau wie die anderen den endlosen Geschichten von Sam gelauscht, wie dieses oder jenes Schiff fast völlig ausgebrannt auf dem Meer umhertrieb, und wie die kostbarsten Ladungen irgendwo auf dem Meeresgrund lagen, aber es betraf immer die anderen, nie uns. Bis zu jenem Tage, als einer der Landmatrosen, die mein Vater in Liverpool an Bord genommen hatte, mit einer brennenden Kerze in den Vorratsraum hinabstieg, um Mr. Berry eine Portion Olivenöl zu holen, da er sie diesmal nicht wieder bei Sam verlangen wollte.

Wie alles im einzelnen passierte, ließ sich später nicht mehr genau feststellen. Offenbar war der Matrose im Magazin auf irgendeiner Schmiere ausgerutscht und hatte sich mit der Kerze gebückt, um zu sehen, was es war. Daß just eines der Petroleumfässer ausgelaufen war, konnte er nicht wissen. Aber vielleicht hatte er die Kerze auch einfach vor Schreck fallen lassen, als über ihm Schritte erklangen, und er fürchtete, daß es der Quartermeister sein könnte. Tatsache war, daß der Ruf »Feuer im Lagerraum!« mitten in unsere Abendandacht hineinplatzte, gerade, als mein Vater die ersten Sätze aus der Bibel las. Zunächst blieben wir alle wie erstarrt stehen, aber dann warfen wir die Bücher in den Korb und rannten auf die Niedergänge zu. Im Vorbeilaufen sah ich Mr. Berrys besorgtes Gesicht, aber in diesem Augenblick dachte ich mir nichts dabei.

Der Rauch kam aus dem vorderen Teil des Magazins, aus dem Raum, in dem wir die Bohnen gelagert hatten – ganz in der Nähe lagen jedoch 30 Fässer mit Schießpulver. Wir banden uns nasse Tücher vors Gesicht, mein Vater ließ den Segelmacher zu sich rufen und fragte nach seinen Segeltuchvorräten. Da wir bisher kaum etwas gebraucht hatten, nachdem das Wetter gut gewesen war, verfügten wir noch über einen beträchtlichen Vorrat. Er lag zwar am anderen Ende des Schiffes, doch dauerte es keine zwei Minuten, bis der Ballen herbeigeschleppt und riesige Stücke davon mit einem Messer abgeschlitzt wurden. Die übrigen Matrosen waren nach oben geeilt, und bald wurden durch die Luken Wassereimer heruntergereicht.

Das Feuer war inzwischen noch dichter an das Schießpulver herangekommen, und der Rauch begann so dicht zu werden, daß bereits einige Leute ausfielen und Dr. Bryan sie mit Hilfe von Sam ins Cockpit abschleppte. Als wir uns endlich zu dem Brandherd vorgearbeitet hatten, war außer Holz und Bohnen auch ein Teil des Zuckers in Brand geraten. Mitten zwischen umgestürzten Kisten und Fässern fanden wir den Matrosen, der das Unglück verschuldet hatte. An den alten Lumpen, die er um seine Hände gewickelt hatte, erkannten wir, daß er zunächst versucht haben mußte, das Feuer selbst zu löschen.

Es war ein spätes Abendessen, das wir an diesem Abend servierten. Wir brauchten nahezu drei Stunden, bis das letzte Qualmen vorüber war und zwei Matrosen als Brandwache zurückgelassen werden konnten.

»Dieser Hohlkopf«, sagte mein Vater zornig, »das habe ich schon in Liverpool gemerkt, daß der nichts taugt. Landleute zu pressen hat eben noch nie was genutzt.«

»Wir hätten nicht fahren können, Sir«, widersprach der 1. Maat, »woher hätten wir denn die Leute nehmen sollen, wenn nicht so?«

»Ich werde ihm schon die Beine langziehen, wenn seine Rauchvergiftung vorbei ist!«

»Und was werden Sie mit unserem Zuckerkönig tun?«

Mein Vater schaute grimmig zu dem leeren Platz von Mr. Berry, der sich wegen Kopfschmerzen hatte entschuldigen lassen. Dann säbelte er mit Verbissenheit an seinem Fleisch herum, das durch die lange Wartezeit zäh und fast ungenießbar geworden war.

»In ein paar Tagen wird er alles wieder vergessen haben«, sagte Sam in der Küche, »er wird sich nicht mehr daran erinnern, daß die Schuld eigentlich nicht das arme Schwein trifft, das da mit offener Flamme hinunterstieg, sondern einen ganz anderen.«

Sam hatte recht, es dauerte nicht einmal ein paar Tage, bis mein Vater wieder einer Meinung war mit Mr. Berry. Es dauerte nur bis zum nächsten Frühstück, zu dem der Plantagenbesitzer ausgeruht und bester Laune erschien. Mit einer kunstvoll verzierten Zuckerdose übrigens, die er meinem Vater lächelnd überreichte. »Ich fand vor einigen Tagen vor den Mannschaftsaborten diesen Zettel«, sagte er, während er in seinen Taschen zu wühlen begann und schließlich ein zerknittertes Papier zum Vorschein brachte. »Und da ich nicht annehme, daß Sie der gleichen Meinung sind wie der Schreiber, habe ich Ihnen eine Probe von meinem Zucker mitgebracht. Ich finde ja schon, daß da ein Unterschied ist, oder?«

Mein Vater zog sein Augenglas aus der Tasche und las mit gerunzelter Stirn. Als er wieder aufblickte, war sein Gesicht rot. »Woher haben Sie das?« fragte er ruhig. »Wo gibt es auf meinem Schiff so etwas?«

»Vor den Mannschaftsaborten, Sir«, wiederholte Mr. Berry liebenswürdig, »ich nehme an, einer Ihrer Leute wollte es da hinhängen und hat es dann unterwegs verloren. Daß Ihre Leute derlei Unsinn unters Volk bringen wollen, kann ich ja wohl schlecht annehmen.«

Mein Vater legte das Blatt neben sich auf den Tisch, Mr. Hudson goß den Kaffee ein. Der 1. Maat warf einen flüchtigen Blick auf das Papier und klopfte zugleich mit einem geübten Griff sein Ei. »Kannten Sie das noch nicht?« fragte er dann, während er sich die Marmelade aufs Brot schmierte. »Bei uns zu Hause brachten das die Kinder aus der Schule mit.«

Mein Vater setzte seine Tasse abrupt auf den Unterteller. »Die Kinder aus der Schule? Wollen Sie etwa sagen, daß die Kinder in der Schule solche Flugblätter bekommen?«

Der 1. Maat lachte. »In der Schule natürlich nicht, das heißt, sie bekommen sie nicht von den Lehrern. Aber vielleicht auf dem Heimweg, so genau habe ich auch nicht nachgefragt. Die unseren wollten daraufhin auf jeden Fall keinen in der Sklaverei angebauten Zucker mehr nehmen, sondern nur noch in Freiheit gewachsenen aus Ostindien, so wie es damals draufstand.«

»Mein Sohn wollte keine Schokolade mehr«, bestätigte der 2. Maat, »und meine Tochter fragte bei der Marmelade, mit welchem Zucker sie gesüßt sei. Außerdem liefen sie den ganzen Tag mit Schildern durchs Haus, auf die sie irgendwelche Sprüche geschrieben hatten, die auf den Flugblättern standen. Wir hielten uns zum Schluß nur noch die Ohren zu.«

»Und meine Frau wollte plötzlich die Brosche tragen, die Wedgewood kostenlos für das Anti-Sklaverei-Komitee hatte anfertigen lassen. Ich konnte sie nur mit Mühe davon abhalten«, sagte der 1. Maat.

»Soll er lieber sein Porzellan billiger herausbringen!« rief mein Vater aufgebracht, »als sich in Dinge einzumischen, die ihn nichts angehen! Freier Zucker aus Ostindien! Das ist es gerade noch, was uns gefehlt hat! Wirklich, daß auch die Frauen und Kinder noch in dieses Horn blasen. Da genügen schon die Herren Wilberforce und Clarkson!«

»Die Heiligen von Clapham«, spottete Mr. Berry, »wer nimmt denn die schon ernst? Die strampeln doch schon seit Jahren, und niemand hört auf sie.«

»Na ja, immerhin haben sie mit ihrer Unterschriftensammlung im vergangenen Jahr doch erreicht, daß die Abschaffung des Sklavenhandels ins Blickfeld rückt«, sagte der Zahlmeister.

»Ach was, diese 500 Unterschriften, was ist das schon! Und die Abschaffung bis 1796, wie jetzt beschlossen, erreichen sie nie. Da gehe ich jede Wette ein, daß das nicht mal bis zur Jahrhundertwende passiert ist. Das Komitee arbeitet schon seit 1787, und was hat es bis jetzt erreicht?«

»Immerhin weiß das Volk inzwischen, was auf den Sklavenschiffen vor sich geht«, sagte Dr. Bryan, der sich bisher nicht am Gespräch beteiligt hatte, »es weiß von den Quälereien auf den Plantagen, von der Unmenschlichkeit bei den Versteigerungen. Tausende von Flugblättern sind inzwischen . . .«

»Ach was, Flugblätter«, unterbrach Mr. Berry ärgerlich, »wenn Sie sich schon von einem Wisch Papier beeindrucken lassen, dann müssen Sie auch die andere Seite hören. Admiral Rodney sprach von nationalem Selbstmord, und die ›Rechtfertigung der Sklaverei‹, die dem Obersten Tarleton gewidmet ist, macht sich nur lustig über all diese falsche Menschlichkeit, wie diese unverbesserlichen Weltverbesserer sie sich vorstellen. Ich hab's mir neulich erst wieder von meinem Verwalter vorlesen lassen, weil mich zu Hause auch irgend so ein religiöser Narr bekehren wollte! ›Die Sklaverei steht im Einklang mit dem Naturgesetz, dem positiven Gesetz Gottes, sie stimmt überein mit dem Gesetz des Eigentums und des Luxus, sie entspricht den Grundsätzen des Staates; denn das Staatsinteresse kann nie dem ganzen Volk, sondern immer nur einer Minderheit dienen.‹«

Diesmal schwiegen alle, nur der 1. Maat meinte vorsichtig: »Na ja, da bin ich dann doch anderer Meinung, ich finde schon, daß das Staatsinteresse dem ganzen Volk dienen sollte.«

»Dem ganzen Volk dient es, wenn wir den Handel weitertreiben«, sagte Mr. Berry störrisch, »das ist ganz einfach eine Existenzfrage. Wie könnten wir sonst die Franzosen und Spanier in Westindien ausschalten? Wer soll die Plantagen betreiben? England braucht die Produkte, die von dort kommen, den Zukker, den Rum, die Baumwolle. Und wo sollten unsere Leute alle beschäftigt werden, wenn es zum Beispiel die Baumwolle nicht gäbe? Wer sollte den feinen Tuchanzug, den Sie tragen, herstellen, wenn es nicht die großen Spinnereien in Glasgow gäbe und die neuen Webstühle? Und woher sollte die Baumwolle kommen, wenn nicht von Jamaika, Trinidad, Virginia oder Barbados? Um sie zu pflücken, braucht es Menschen, die das Klima vertragen, oder wollen Sie etwa in glühender Hitze mit gebücktem Rücken durch die Baumwollfelder gehen und Kapsel um Kapsel in Ihren Korb werfen? Wollen Sie das etwa?«

»Das sind genau die Beweise, die angeblichen Beweise, die von Leuten wie Ihnen gebracht werden«, sagte Dr. Bryan, »davon, daß auf einen lebenden Sklaven zehn tote kommen, davon redet niemand, nur wieviel er in seinem armseligen Leben einbringt. ›Sie werden's nicht glauben, Sir, aber wenn ich vor die Entscheidung gestellt werde, ob ich meine Sklaven lieber hart arbeiten lasse und sie dadurch früher verliere oder gemäßigt arbeiten lasse und sie dann länger behalte, so ist das erste billiger‹, hat mir mal ein Plantagenbesitzer gesagt.«

»Ihre Zahlen sind erfunden«, gab Mr. Berry zurück, »restlos erfunden, und diese Übertreibungen verderben uns das Geschäft.«

»Übertreibungen«, Dr. Bryan lachte auf, »wenn 30 bis 40 Millionen Menschen in drei Jahrhunderten exportiert worden sind, meinen Sie dann immer noch, wir übertreiben? 500 Sklaven haben Platz auf unseren Schiffen, aber manchmal beladen wir sie gerade doppelt so stark. Wir stehen heute an erster Stelle in der Welt, wir haben Frankreich überrundet, Portugal, wir allein dürfen die spanischen Kolonien beliefern. Ein feines Recht, das wir uns da aus dem Vertrag von Utrecht herausgeholt haben!«

Mein Vater wischte sich den Mund und faltete die Serviette zusammen. »Wissen Sie, was Elisabeth I. getan hat, als sie von den Grausamkeiten des Sklavenhandels hörte? Sie hat sich genauso empört wie Sie jetzt. Aber als sie hörte, wieviel Geld damit zu machen ist, ist sie selbst ins Geschäft eingestiegen.«

»Genauso wie Voltaire mit all seinen menschenfreundlichen Idealen«, sagte der 1. Maat lachend, »finanziell hat er sich auch daran beteiligt. Beim Geld hört dann eben alles auf, was einem sonst wichtig ist!«

»Beim Geld hört eben nicht alles auf«, gab Dr. Bryan zurück, »denken Sie an Clarkson und Wilberforce.«

»Nun bringen Sie um Himmels willen nicht schon wieder Ihre Kronzeugen der Anklage«, stöhnte Mr. Berry, »was haben denn die beiden bis jetzt erreicht? Sie bringen zwar Antrag auf Antrag ein, aber wen interessiert das schon? Vor zwei Jahren stimmten 83 dafür und 163 dagegen, ›Bigotterie, die ins 12. Jahrhundert paßt‹, sagte Oberst Tarleton, der Liverpool im Parlament vertritt, mißverstandene Menschlichkeit, die unsere Wirtschaft gefährdet. Schließlich verdienen alle daran – nehmen Sie zum Beispiel Städte in Amerika, wie Miami, Savannah, Wilmington, Mobile. Vor wenigen Jahren waren das noch primitive Dörfer, jetzt sind es blühende Städte. Oder sehen Sie unsere eigenen Städte an, wie sie wachsen und gedeihen. Alle leben davon, Reeder, Schiffsbaumeister, Hotelbesitzer, Gastwirte, Zimmerleute, Ärzte, Schnapsbrenner, Tuchfabrikanten. Und im übrigen ist die Admiralität der Meinung, daß es keine bessere Schule für die Matrosen gibt als den Sklavenhandel.«

»Na ja, die Verluste sind hoch«, wagte der 1. Maat einzuwenden, »25 Prozent, also wesentlich höher als in allen anderen Bereichen des Handels.«

Dr. Bryan stand auf. »Sie sprechen von Handel, Sir? Nennen Sie das etwa Handel, wenn Dörfer niedergebrannt und Menschen verschleppt werden? Wo bleibt da der Handel, wenn man sich nimmt, was einem nicht gehört? Das ist kein Handel, das ist Raub und Mord, nichts anderes. Schauen Sie sich Clarksons Berichte an!«

»So viele Greueltaten wie Clarkson findet, kann's gar nicht geben«, wehrte Mr. Berry ab, »das meiste ist Gerede und zusammenfantasiert.«

»Und die 130 Schwarzen, die ein gewinnsüchtiger Kapitän einfach ins Meer werfen ließ, nur um die Versicherungsprämie zu retten, ist das etwa auch nichts?«

»Gegen ihn ist verhandelt worden«, sagte mein Vater.

»Ja, wegen Versicherungsbetruges, aber nicht wegen Mordes, wie es sich gehört hätte.«

»Hören Sie, Doktor, Sie ereifern sich einfach zu sehr«, sagte Mr. Berry und wuchtete sich aus seinem Sessel. »Wozu eigentlich? Weshalb denken Sie nicht einfach wie andere vernünftige Leute auch? Ich bin nun mal der Meinung, man sollte das Heu einfahren, solange die Sonne scheint.«

»Ganz recht«, pflichtete mein Vater bei und erhob sich, nicht ohne zuvor noch einen zufriedenen Blick auf die silberne Zuckerdose geworfen zu haben.

Während ich das Geschirr abräumte, konnte ich mich wieder einmal nur wundern, wie sie sich gegenseitig die Bälle zugeworfen hatten. Was galt da schon ein kleiner Feuerschaden an der *Mary Anne*, an dem Mr. Berry nur indirekt schuld hatte? Der Matrose würde drei Tage bei Wasser und Brot in den Verschlag bei den Schweineställen gesteckt werden, wenn er wieder gesund war, und die Versicherung zahlte. Daß mein Vater außerdem noch irgendeine andere kleine Gabe erhalten würde, hielt ich für selbstverständlich. Ich nahm an, daß es sich dabei um wesentlich mehr als um in Unfreiheit gewachsenen Zucker und seinen kostbaren Behälter handeln würde. Vermutlich war die kostbare Dose nur Mittel zum Zweck gewesen, um meinen Vater vom gestrigen Geschehen geschickt abzulenken.

»Für einen Analphabeten weiß er aber ganz schön Bescheid«, sagte Francis, als ich ihm von diesem Streitgespräch erzählte.

»Er liest inzwischen die Logbücher mit einer Geschwindigkeit, daß man nicht mehr von einem Analphabeten sprechen kann. Und warum sollte ihn das nicht interessieren, wenn es ihn selber angeht?«

»Glaubst du eigentlich, daß er mit einem Pferd, zwei Ochsen und einer alten Hütte angefangen hat?«

»Die Hütte habe ich gesehen, und das mit dem Ochsen wird sicher auch stimmen. Wieviel Sklaven er hat, weiß ich nicht.«

»Mit 25 hat er angeblich angefangen, nach zehn Jahren hatte er zehnmal soviel, so hat er es neulich erzählt.«

»Na ja, zwei Zuckerplantagen, eine Baumwollplantage und dann noch die Zuchtfarm, da kommt schon was dabei heraus!«

»Schön muß es ja sein«, seufzte Francis, »jeden Tag in anderen Kleidern herumlaufen zu können, goldene Schnupftabakdosen

und silberne Ringe, zwei Kutschen und allein 30 Haussklaven –
ich glaube, da würde ich auch Sklavenhändler werden.«

Mein Vater hätte Francis zum Sohn haben sollen, dachte ich an
diesem Nachmittag, da an mir doch die Mannbarwerdung bis
jetzt offenbar spurlos vorbeigegangen war. An jenem Nachmittag dachte ich auch, daß mir diese Reise bisher keinerlei
Chance geboten hatte, zu zeigen, was in mir steckte. An jenem
Nachmittag glaubte ich noch, daß es sich gar nicht mehr lohnen
würde, überhaupt damit anzufangen, weil diese Reise ohnehin
bald zu Ende ging. Zwei Tage später hatten wir ein Inferno auf
der *Mary Anne*, das nicht nur für mich alle Chancen bot, zu
zeigen, was ein Mann leisten kann, wenn es darauf ankam.

Es begann am frühen Morgen mit dem Ruf des Ausgucks:
»Zwei Segel in Luv!« Mein Vater setzte seinen Kieker ans
Auge und reichte ihn dann dem 1. Maat weiter. »Sieht aus wie
eine dicke fette Prise, vermutlich ein Kaper und ein Kauffahrer.
Vielleicht haben wir diesmal mehr Glück als auf der Hin-
fahrt.«

»Eine Brigg und ein Topsegel-Schoner«, sagte der Maat nach
einer Weile und reichte den Kieker zurück. »Der eine sieht fast
so aus, als segle er mit Notmasten.«

»Und sie weichen vom Kurs ab«, stellte mein Vater nach einer
Weile befriedigt fest, »vermutlich wollen sie ihre Beute nicht
aufgeben. Aber diesmal werden sie uns nicht entgehen!«

Mein Vater gab den Befehl, alle Segel zu setzen, und bald flo-
gen wir vor dem Wind nur so dahin. Vermutlich hätten beide
Schiffe jetzt das gleiche getan, wenn sie dazu in der Lage gewesen wären. Aber offenbar waren sie das nicht.

»Das eine sieht aus, wie wenn's eine ganze Menge abbekom-
men hätte«, sagte mein Vater, als die Schiffe noch etwa zwei
Meilen voneinander entfernt waren.

»Der Fockmast ist weg, aber sie läuft sicher noch ihre fünf Meilen«, sagte der 1. Maat.

Als der Kaper einsah, daß ein Entkommen unmöglich war,
wenn er die Prise nicht aufgeben wollte, kürzte er die Segel und
erwartete uns. Mein Vater hatte inzwischen die Luvgeschütze
ausrennen lassen, die drei Maate verteilten ihre Leute auf dem

Achterdeck, dem Hauptdeck und dem Vorderkastell. Das Takelwerk wurde aufgezogen, und die Schiffsjungen rannten vom Pulverraum aufs Deck und wieder zurück, um die Kanonenkugeln und das Pulver herbeizuschaffen. Die Matrosen holten ihre Flinten vom Gangspill und die Geschützkasten mit den Patronen.

»Welchen Kurs?« fragte der Schiffsmeister, als sich der Abstand der beiden Schiffe weiter um eine Kabellänge verringert hatte.

»Zwei Strich nach Backbord«, sagte mein Vater und befahl, die Flaggen zu setzen.

Die Kaperbrigg zog die französischen Farben auf, der Topsegelschoner, der im Hintergrund blieb, zeigte das Rot und Gelb Spaniens. »*Satanitas* und *Jeune Gabriel*«, lachte der 1. Maat, »wirklich eine schöne fette Prise!«

Als das Schiff sich etwa eine Meile von uns entfernt auf der Luvseite befand, gab mein Vater das Kommando: »Feuer!« Wir brannten alle Kanonen auf einmal ab. Die Brigg erwiderte das Feuer, aber ihre Schüsse lagen fast alle zu hoch und fegten nur zwischen unseren Masten hindurch. Bevor es dem Kaper zu wenden gelang und uns eine zweite Breitseite zukommen zu lassen, konnte mein Vater ein Manöver durchsetzen, das uns eine zweite Salve anbringen ließ, die ihre Wirkung nicht verfehlte. Unter dem Jubel unserer Mannschaft stürzte der Großmast, die Großbramstange riß beim Herabstürzen das Fock-Marssegel herunter und schlitzte das Focksegel auf.

Die nächste Breitseite, die uns traf, hinterließ allerdings auch bei uns Spuren. Zwei der fünf Musketiere, die mit ihren Flinten im Großmars hingen, stürzten auf Deck, der Arm des einen wurde zerschmettert und baumelte offenbar nur noch lose, vom Knochen gehalten, am Oberarm. Dr. Bryan, der unten im Cockpit bereits einige Verwundete zu versorgen hatte, kam herauf und half beim Abschleppen der beiden mit.

»Wieviel sind es schon?« rief mein Vater.

»Bis jetzt nur drei, einer aber schwer!« schrie der Doktor zurück.

Inzwischen machte es der Rauch fast unmöglich, überhaupt

noch etwas zu sehen. Ich orientierte mich nur noch an den Stimmen. Francis kam von unten heraufgekeucht, mit schwarzem Gesicht und einem Pulverfaß unter dem Arm, schrie etwas von Ohrfeige und hastete dann zum Vorderkastell. Ich stand bei den Dreipfündern auf dem Achterdeck und half beim Laden. Normalerweise wären eigentlich drei Leute für unser Geschütz nötig gewesen, aber die Ausfälle mehrten sich inzwischen. Als der Junge getroffen wurde, der das Pulver und die Kanonenkugeln für uns holte, schickte mich der Kanonier hinunter in den Pulverraum. Als ich am Cockpit vorbeikam, hörte ich den Doktor brüllen. »Die neunschwänzige Katze werde ich Ihnen überziehen, wenn Sie mir jetzt nicht diesen Mann festhalten. Und wenn Sie mir vor die Füße kippen, bevor ich seinen Knochen abhauen kann, dann werfe ich Sie den Haien zum Fraß vor!«

Ich hatte keine Zeit, zu den Verwundeten hineinzuschauen, aber ich hätte viel darum gegeben, Kitty Robinson beim Abhauen eines Knochens zu erleben.

Unsere Geschütze waren inzwischen heiß geworden. Einige Ringbolzen rissen und fielen dem Kanonier vor die Füße, aber noch immer war der Gegner nicht zur Aufgabe bereit. Erst als seine Kanonen nur noch mit halber Besetzung feuerten und manche ganz ausfielen, die Takelung in Fetzen herunterhing und die Segel hilflos im Winde knatterten, war es dann soweit – die Brigg strich die Flagge. Das Hurra unserer Mannschaft klang über das ganze Schiff. Sam erschien mit einem Korb mit Brot und Käse, und ich glaube, es gab niemanden, der sich nicht mit Genuß darauf gestürzt hätte. Mein Vater ließ inzwischen die Jolle fertigmachen und schickte den Prisenmeister zu dem Kaper hinüber, um das Schiff zu übernehmen. Wir setzten in aller Eile die Segel, soweit dies ohne größere Reparatur möglich war, und hielten auf den gekaperten Kauffahrer zu, der noch immer beigedreht im Wind lag.

»Er hat nur sechs Zweipfünder«, stellte mein Vater fest, als wir nahe genug an der *Satanitas* waren, »fragt sich nur, ob die überhaupt noch zu gebrauchen sind. Sieht ganz so aus, als ob sie unbemannt wären.« Als wir uns auf eine halbe Meile genähert hatten, strich das Schiff die Flagge.

»Das ging aber rasch!« sagte der 2. Maat verblüfft.

»Ich hab's mir fast gedacht«, sagte mein Vater, »mit Notmasten und ohne Geschütze, was sollen sie da noch viel machen? Es sieht überhaupt alles so leer aus.«

Weshalb es auf Deck der *Satanitas* leer aussah, erfuhren wir kurze Zeit später, als mein Vater ein zweites Kommando an Bord geschickt hatte.

»Die haben nur noch zehn Mann Besatzung«, meldete der 2. Maat, als er zum Bericht zurückgekehrt war, »der Rest liegt mit Dysenterie oder wurde von der *Jeune Gabriel* getötet. Da sind fast alle Hängematten voll, einen Wundarzt haben sie schon seit Wochen nicht mehr.«

»Na ja, dann gibt's ja endlich etwas für Dr. Bryan zu tun«, sagte mein Vater.

Und das gab es dann auch. Und nicht nur für Dr. Bryan – Kitty erklärte sich bereit, mitzuhelfen.

»Unsere Lady mit den tausend Locken wird doch nicht noch am Ende der Reise eine Wandlung durchmachen?« sagte Sam verblüfft, als Francis erzählte, wie er Kitty mit Schüsseln voll blutiger Watte und Leinwand den Niedergang hatte heraufkommen sehen. »Aber vorher hat er ihr erst noch eine Ohrfeige verpaßt, weil sie offenbar nicht helfen wollte.«

»Blutige Watte in den Händen des Reeders Töchterlein und eine Ohrfeige«, rief Sam fassungslos, »was steckt nur dahinter?«

Alle lachten, und die Geschichte mit der Ohrfeige machte die Runde bis zum letzten Matrosen. Sie warf unzählige Fragen auf. Ob Kitty sich bei meinem Vater beschweren würde, ob Dr. Bryan schon auf der Insel Man an Land gesetzt würde, ob man ihn vor Gericht stellen konnte und vieles andere mehr. Lediglich Mr. Berry zeigte keinerlei Interesse an Kittys Ohrfeige.

»Ich habe schon Ladys gesehen, die haben während des Kampfes Munition gereicht und sind sogar an den Geschützen gestanden, wenn es notwendig wurde«, sagte er, »so etwas Besonderes ist das nun wirklich nicht, wenn sie ein bißchen geholfen hat, wie das alle tun.«

Daß er sich während der ganzen Zeit des Gefechts mit seinen beiden Negerknaben in der Kabine aufgehalten und nur Josua von Zeit zu Zeit nach oben geschickt hatte, um sich berichten zu lassen, kam ihm dabei wohl nicht in den Sinn. Aber nun, da alles wieder seinen geregelten Gang ging, die Mahlzeiten pünktlich auf den Tisch kamen und die Möglichkeit bestand, seine Hemden gebügelt zu bekommen, hatte er nichts anderes mehr im Sinn als die Prise.

»Bin noch nie auf einem französischen Schiff gewesen«, sagte er leutselig zu meinem Vater, »sollen ja Kajüten mit allem Komfort haben, habe ich mir sagen lassen.«

»Ihre Kajüten sind auch nicht anders als die unseren«, sagte mein Vater verärgert.

»Sollen aber Damen an Bord gewesen sein, habe ich gehört. Kabinen seien extra umgebaut worden.«

»Ich weiß nichts von Damen und umgebauten Kabinen, und ich könnte mir keine Vorteile vorstellen, die Sie dort haben würden.«

»Vielleicht keine Wanzen und Kakerlaken«, wagte Mr. Berry einzuwenden.

»Sie haben genauso Kakerlaken wie wir«, rief mein Vater aufgebracht, »ein Schiff ohne Kakerlaken gibt es in der Karibik nicht.«

Aber Mr. Berry ließ nicht locker. Und da mein Vater einem Passagier nicht gut verbieten konnte, ein französisches Schiff zu besichtigen, befahl er, ein Boot fertigzumachen.

»Nur zum Anschauen, wissen Sie«, rief Mr. Berry strahlend zurück, »mich interessieren wirklich nur die Kabinen.«

Aber natürlich blieb es nicht beim Anschauen. Der Bootsmann kehrte bereits nach einer Stunde wieder mit dem Auftrag zurück, Mr. Berrys Koffer zu holen und Simson und Josua mitzubringen. »Die Kabinen seien drüben besser«, erklärte er.

»Genau das habe ich mir gedacht«, sagte mein Vater aufgebracht, »und das Gold, das er mir für die Reise gegeben hat, will er dann wohl gleich zurückhaben, oder?«

»An den Abmachungen würde sich nichts ändern, hat er gesagt«, berichtete der Bootsmann.

»Nichts an den Abmachungen ändern, so, nichts an den Abmachungen ändern«, wiederholte mein Vater ein paarmal hintereinander, so als wollte er auch ganz sicher sein, daß sich an seinem Goldbesitz nichts ändere.

Und so verließen Josua und Simson mit dem Gepäck des Mr. Berry noch am gleichen Abend die *Mary Anne.* »Wenn Sie mich fragen, Sir, so kann ich nur sagen, daß ich froh bin«, sagte Sam, als das Boot im letzten Schein der Abendsonne zur *Jeune Gabriel* hinübersegelte. Mein Vater drehte sich um, ohne etwas zu sagen. Francis, der gerade neben ihm stand, behauptete allerdings, er habe wohl etwas gesagt, oder besser vor sich hin gemurmelt. »Soll er doch hingehen, wo der Pfeffer wächst«, habe er gesagt, aber weder Sam noch ich wollten das glauben.

Die nächsten Tage verliefen ohne Zwischenfall, aber mit viel Arbeit. Der Segelmacher und der Zimmermann hatten alle Hände voll zu tun, um die Schäden der *Mary Anne* und der Kaperbrigg auszubessern. Dr. Bryan fuhr von einem Schiff zum anderen, um die Verwundeten zu versorgen. Kitty hatte keine Zeit mehr, sich mit ihrer Handarbeit zurückzuziehen, weil wir selbst eine ganze Reihe von Leuten hatten, die ihre Hängematten kaum verlassen konnten und Pflege brauchten. Wer allerdings Freiwache hatte, rechnete. Ich hatte noch nie so viele Leute gesehen, die sich mit Zahlen herumschlugen, wie in diesen Tagen.

»Also, der Käpt'n ein Viertel«, sagte der Küfer und malte mit nassem Finger eine Zahl auf die Schiffsplanken, die die Sonne jedoch gleich wieder trocknete.

»Hol doch mal ein Papier«, schlug Sam vor, »irgendeinen Fetzen, den du finden kannst.«

Francis brachte eine alte Zeitung von Barbados an, die Sam nun bis an den Rand mit Zahlen bedeckte. »Nehmen wir mal an, der Wert der *Satanitas* wäre 500 Pfund und die Brigg wäre 400.«

Aber bereits hier liefen alle Stimmen durcheinander. »500 Pfund, du bist verrückt«, schrie der Zimmermann. »Ich hab doch nur das Schiff gemeint«, verteidigte sich Sam, »daß die Ladung mindestens das Zehnfache wert ist, ist mir auch klar.«

»Ich war drüben und hab mir die Masten angeschaut«, fuhr der Zimmermann fort, »dabei bin ich natürlich auch gleich mal nach unten gegangen . . .«

»Recht so«, schrien die anderen, »wir wollen auch wissen, was auf uns zukommt.«

»Fünf Pfund, du Dummkopf«, schrie ein anderer, »mehr nicht! Das andere geht an die Krone.«

»Also, was hast du drüben alles gesehen, erzähl mal!«

Sam strich die Zeitung glatt und stützte sich auf beide Ellenbogen. Der Zimmermann nahm Sam die Feder aus der Hand und zog die Zeitung zu sich herüber. »Also da waren erst mal mindestens sechs- oder siebenhundert Sack Zucker.« Die Mannschaft murmelte Beifall. »Dann mindestens zehn Schachteln Indigo, über zweihundert Sack Kaffee, wenn ich das recht geschätzt habe. Pfeffersäcke, daß sie schon gar nicht mehr zu zählen waren, dann Nelken, Palmöl, Wein, Felle und«, er schaute in die Runde, »fast hundert Fässer Rum!« Die Männer grölten.

»Keine Stoffe etwa?« fragte Sam enttäuscht.

»Natürlich Stoffe«, sagte der Zimmermann, »ich hab's nur vergessen. Also ballenweise Musselin, Baumwolle . . .«

»Auch Seide?« wollte Sam wissen. »Seide wünscht sich meine Frau schon so lange. Wenn ich ihr die zu Weihnachten mitbringen könnte, Seide, schöne weiche Seide.«

»Kannst du«, beschwichtigte der Zimmermann, »kannst du ganz sicher, auch wenn ich keine gesehen habe. Wenn's auf diesem Schiff keine gibt, kaufst du ihr welche in Liverpool von deinem Prisengeld.«

»Ich hab was von Goldbarren gehört«, sagte der Küfer mißtrauisch, »was haltet ihr davon?«

»Was willst du denn mit Goldbarren«, sagte der Kanonier, »du hast ohnehin den höchsten Lohn von uns!«

»Wenn es Goldbarren gibt, müssen sie genau geteilt werden wie die anderen Sachen, also müssen wir auch erfahren, ob es welche gibt.«

»Und gibt es welche?« fragte der Segelmacher, zu mir gewandt.

»Laß ihn doch in Ruhe«, sagte Sam, »meint ihr etwa, sein Vater erzählt ihm, welche Schätze die *Satanitas* an Bord hat?«

»Die *Jeune Gabriel* wird ja auch noch was abwerfen«, fuhr der Zimmermann fort und malte weitere Zahlen auf den Zeitungsrand, »die hatte auch ganz schön geladen, nur ließ mich da der 2. Maat nicht in die Laderäume. Der meinte doch wahrhaftig, meine Arbeit sei über Deck und nicht unter Deck.« Die Männer lachten, Sam stand auf. »Ich meine, man sollte die Eier nicht verteilen, bevor man auf dem Markt ist«, sagte er dann gähnend, »mein Kreuz sticht mich schon seit zwei Tagen, sieht gerade aus, als ob wir schlechtes Wetter bekämen.«

Aber es wurde trotzdem weitergerechnet, selbst abends in den Kojen noch. Und nicht nur die Mannschaft rechnete, auch mein Vater beugte sich nur noch wenig über seinen Kompaß, die meiste Zeit verbrachte er in der Kajüte über seinen Büchern. Einmal kam ich in sein Zimmer, als er nicht da war. Da ich den Auftrag hatte, seine Lampen zu reinigen, blieb ich im Raum, nicht ohne ab und zu einen Blick auf die Papiere zu werfen.

Als mein Vater zurückkam, klopfte er mir wohlgelaunt auf die Schulter.

»Wie wär's mit einer Baumwollplantage auf Jamaika, was meinst du? Es wäre vielleicht günstiger fürs erste, weil die Ernteschäden nicht so groß sind. Später könnten wir ja immer noch Zucker mit dazu nehmen, wenn du mal so weit bist, daß du ins Geschäft einsteigen kannst.«

Ich putzte an meiner Lampe weiter, weil ich mir im klaren war, daß dies keine echte Frage war, ich verstand von der Baumwollzucht sowenig wie vom Zucker. Und ich war außerdem überzeugt, meinem Vater ging es nicht anders.

»Schau dir Mr. Berry an. Er kann kaum lesen und schreiben und behängt sich von oben bis unten mit goldenen Schnupftabaksdosen. Eine Kutsche soll er auch haben mit Silberbeschlägen, hast du so was schon gehört?«

Da es drei Lampen im Raum gab, konnte ich diesen Fragen, die keine waren, leider nicht entrinnen. Aber ich glaube, es störte meinen Vater auch nicht sehr. Er fragte, rechnete, lachte, der

Raum war voll mit goldenen Tabaksdosen, silbernen Armreifen, Rubinhalsketten, Zuckerplantagen, Häusern mit Mahagonihölzern, alles schwirrte in der Luft herum. Und eigentlich gab es in den ganzen nächsten Tagen nur einen einzigen Mann an Bord, der sich von diesem Fieber nicht anstecken ließ, Mr. Hudson. Er lächelte nur, wenn man ihn fragte, was er mit seinem Prisengeld machen wolle, und las weiter die Bibel während seiner Freiwache. Manchmal half er auch Kitty bei ihrer Arbeit und ging mit Mr. Bryan auf die *Satanitas* hinüber, um dort Kranke zu pflegen, weil die meisten sich vor einer Ansteckung fürchteten.

Mr. Hudson las auch in der Bibel, als der Hurrikan kam. Er saß auf den Brassen der Großmastrahen, als die ersten Böen einsetzten. Sie kamen plötzlich und unvermittelt, denn noch kurze Zeit zuvor war der Himmel fast klar gewesen und nur mit einzelnen Federwolken überzogen. Ich stand mit Francis vor den Schweineställen und kippte Abfälle hinein. »Cocky ist am Sonntag dran«, sagte Francis, während er mit seiner Stiefelspitze die Abfallreste zwischen die Gitter drängte. »Sam hat gesagt, er nimmt Cocky zuerst, auch wenn sie das kleinere ist von beiden.«

»Er hat gesagt, er nimmt Cocky, wenn sie nicht endlich wächst«, sagte ich, weil ich nicht wollte, daß Cocky, die ich selber in Barbados gekauft hatte, geschlachtet wurde. »Dolly ist bis jetzt auch nicht gerade ein Riese.«

»Aber Dolly haben wir erst zum Schluß gekauft und Cocky schon zwei Monate vorher. Und überhaupt ist es doch völlig egal, wer zuerst drankommt, gegessen werden sie ja beide. Oder glaubst du, dein Vater schleppt sie zurück nach Liverpool?«

Ich blickte hoch, weil plötzlich ein Schatten auf die Ställe fiel. Die Federwolken waren verschwunden, dafür standen dicke Wolkenbälle am Himmel, die sich langsam dunkler färbten.

»Wenn man sie zu lange in ihren Ställen läßt, kriegen sie höchstens irgendeine Krankheit, so wie die beiden Hennen bei der Herfahrt, und dann kann man sie den Fischen zum Fraß vorwerfen.«

Ich wischte die letzten Reste aus der Schüssel und schob sie zu Cocky hin, so daß Dolly sie nicht erwischen konnte. Mr. Hudson klappte seine Bibel zu und schaute an den Himmel. Es war merkwürdig still mit einem Male, aber die Luft war so heiß, als käme sie aus dem Backofen.

»Überhaupt finde ich, daß Dolly viel schöner ist als Cocky«, sagte Francis und kniete an den Ställen nieder. Ich schaute zum Niedergang hinüber, wo soeben Sam erschien. Er kam zu uns herüber und wischte sich den Schweiß von der Stirn, dann schaute er ebenfalls an den Himmel. Die weißen Wattebäusche waren inzwischen völlig verschwunden, jetzt jagten Wolkenfetzen am Himmel, dunkle, zerrissene Fetzen, die das letzte Tageslicht zu schlucken schienen. In der Ferne war ein Stöhnen zu hören. Die Wachen kamen zu uns herüber, Sam schickte mich zu meinem Vater. »Lauf, eil dich, das gibt was«, rief er mir noch nach.

Ich lief, so rasch ich konnte, die Treppe hinunter, stolperte dabei fast über den Zimmermann, aber meines Vaters Kabine war leer. Nur der Tisch war wieder bedeckt mit Papieren voll mit Zahlen. Ich ging zum Cockpit hinüber, aber auch dort war er nicht, und Dr. Bryan hatte die *Mary Anne* nach dem Abendessen verlassen, um Kranke auf den anderen Schiffen zu versorgen. Ich stieg ins Zwischendeck hinunter, ins Magazin, inzwischen begann das Schiff bereits zu rollen, und die Brecher klatschten wie Gewehrschüsse an die Schiffswand. Ich weiß nicht, wieviel Zeit vergangen war, seit ich Francis und Sam verlassen hatte. Es konnten eigentlich nur einige Minuten vergangen sein, aber trotzdem war alles verändert, als ich wieder nach oben kam. Den Allemannpfiff mußte ich in meiner Hetze überhört haben, denn fast alle Matrosen waren bereits an Deck, als ich achteraus bis zum Kreuzmast vorlief. Francis war gerade dabei, mit den anderen Matrosen zusammen dicke Taue um die Kanonen zu schlingen und sie außerdem noch mit Takelwerk zu befestigen. Mein Vater und der Steuermann standen auf dem Poopdeck und beobachteten den Kompaß. Das Meer war inzwischen schwarz wie Tinte, der Gischt sprühte über uns hinweg und durchnäßte uns in wenigen Augenblicken bis auf die Haut. Der Wind war noch stärker geworden, Regenschauer peitschten über die *Mary Anne*, und über uns war ein Getöse, das von Sekunde zu Sekunde zunahm.

»Ein Hurrikan«, schrie der Steuermann und stemmte die Füße gegen den Boden »Ganz sicher ein Hurrikan!«

»Er zieht im Norden vorüber«, schrie mein Vater, »es sind nur die Ausläufer.«

»Schlecht für die *Jeune Gabriel*, wenn er im Norden zieht.«

»Und noch schlechter für die *Satanitas*.«

Das »Aye, Aye, Sir« der Matrosen, die nach den Befehlen zu den Brassen und Fallen rannten, war kaum mehr zu hören, die Luft war voll Lärm, das Meer schäumte. Die Wellenberge waren inzwischen fast so hoch wie ein Haus, und die *Mary Anne* stieg auf der einen Seite hinauf und auf der anderen Seite wieder hinunter. Bevor der nächste Brecher wieder über uns hinwegging, winkte mich mein Vater zu sich heran. »Kümmre dich um Mr. Hudson«, schrie er und deutete zur Luvreling hinüber, »vielleicht kriegst du ihn mit Sam heraus. Wir anderen müssen uns erst um das Schiff kümmern.«

Ich versuchte zu erkennen, was mein Vater meinte, aber der nächste Wellenberg war so hoch, daß ich alle Kräfte brauchte, um nicht über Bord gespült zu werden. Erst als der Wind für einen Augenblick aussetzte, gelang es mir, mich bis zur Luvreling an der Ladeluke vorbeizuarbeiten. Der Himmel war jetzt schwarz, manchmal zuckte ein fahlgelbes Licht darüber, dann brach die nächste Woge über uns herein. Ich sah nur noch die Umrisse der Matrosen, denen es inzwischen gelungen war, die Segel zu fieren, Sam sah ich nicht. Und als ich Mr. Hudson endlich entdeckte, hatte ich auch das Gefühl, daß er jetzt wichtiger war als Sam. Er hing hilflos zwischen den Speigatten, halb von einem der Langboote bedeckt, das wohl der Sturm aus seinen Klampen gelöst hatte. Das Boot wegzuheben, war allein unmöglich, außerdem schien es sich zwischen den Belegbänken und der Salzwasserpumpe so verkantet zu haben, daß man es sicher auch zu zweit nur mit Mühe weggebracht hätte. Ich konnte Mr. Hudsons Gesicht mehr ahnen als erkennen, und ich mußte erst niederknien, um zu verstehen, was er sagte. Mit

der einen Hand hielt ich mich am Jolltau fest, das vom Groß-
stag herunterbaumelte, mit der anderen griff ich in die Stück-
pforten, durch die wir sonst die Kanonen ausrannten.

»Sie schreiben doch ein Tagebuch«, sagte Mr. Hudson jetzt
dicht an meinem Ohr.

Ich war unfähig, eine Antwort zu geben.

»Sie schreiben doch eines, oder?« sagte er, so laut es ging.

Ich nickte, obwohl ich wußte, daß er mein Nicken kaum sehen
würde. Aber ich fand ohnehin alles verrückt. In einem Hurrikan, oder was immer das sein mochte, mit Mr. Hudson über
mein Tagebuch zu reden, wenn er unter einem Boot einge-
klemmt lag, schien mir der Gipfel von allem, was ich bisher erlebt hatte.

Mr. Hudson stöhnte, dann sagte er: »Was schreiben Sie sonst
noch alles hinein außer Ihren Liebesgeschichten für Tante Fanny?«

Ich dachte, ich müßte wirklich verrückt werden, aber ich war
eher wie gelähmt. Ich dachte nicht einmal mehr daran, wie ich
ihn unter diesem verflixten Boot hervorziehen könnte.

»Hören Sie, schreiben Sie ab heute auch hinein, was Mr.
Clarkson interessiert, hören Sie, Mr. Clarkson, haben Sie verstanden?«

Ich spuckte das Wasser aus und sagte: »Ja, ich habe verstanden.«

»Ich reise in seinem Auftrag«, sagte Mr. Hudson mühsam,
»verstehen Sie, er hat mich geschickt. Er möchte wissen, was
auf dieser Reise alles passiert. Aber ich bin Maler, kein Schreiber.«

Ich schluckte das Regenwasser diesmal hinunter, es schmeckte
salzig wie das Meerwasser, mit dem es sich gemischt hatte.
Maler, natürlich seine schrecklichen Bilder.

»Sie bringen meine Bilder nach Clapham, nach London, verstehen Sie, Clapham, vergessen Sie es nicht. Es ist wichtig!«

Ich nickte wieder. Clapham. Wer würde schon Clapham vergessen, wenn alle Welt darüber sprach. Ein neuer Brecher riß
mir das Tau aus der Hand, dann zog mich jemand an den Füßen. »Bist du wahnsinnig, Knabe«, schrie mir Sam ins Ohr und

schob mich zur Treppe vor.

»Mr. Hudson liegt doch dort oben!« schrie ich. Aber im gleichen Augenblick legte sich das Schiff so auf die Seite, daß ich dachte, wir würden alle über Bord gespült. Sam hielt mich mit eisernem Griff fest, im Vorbeirutschen sah ich, daß jemand im langen Rock an den Pumpen stand und beim Lenzen half. Sam schmiß uns beide, Kitty und mich, fast die Treppen hinunter. Oben ertönte ein Krachen, das den Sturm übertönte, dann schien irgend etwas über Bord zu rutschen. Ich kroch auf allen vieren weiter, ich kroch und kroch und heulte und heulte. So lange, bis irgendwoher die Stimme des Zimmermanns zu hören war. »Es ist nicht sehr schlimm, das Wasser steht nur zwei Fuß hoch, das schaffen wir schon.«

Erst in der Dämmerung ließ der Sturm nach. Die Brecher, die gegen die Schiffswand schlugen, wurden schwächer, das Heulen ging in ein Sausen über. Wir hockten noch immer zusammengedrängt irgendwo in den Laderäumen zwischen Säcken mit Zucker und Baumwollballen, und endlich gelang es uns, auch wieder ein Gespräch zu führen.

»Einmal waren wir mittendrin«, sagte Sam, »wißt ihr, mittendrin, und wir dachten schon, alles wäre vorüber. Aber dann ging's noch mal von vorne los.«

»Diese verflixten August- und Septembermonate«, sagte irgendwer, »immer kommen sie dann.«

»Im Oktober kommen sie auch noch«, sagte ein anderer.

»Und immer in der gleichen Richtung. Bei den Kapverdischen Inseln zieht er los, dann geht's nach Westen in die Karibik, und bei Kuba dreht er nach Nordosten. Warum eigentlich?«

Aber niemand fühlte sich bemüßigt, eine Antwort zu geben.

»60 Knoten hatte er sicher, der Käpt'n hatte recht, das waren nur die Ausläufer.«

»Der hatte mehr, mindestens 120«, widersprach einer.

»120, dann wär's kein Ausläufer.«

»Wir werden ja sehen«, sagte Sam, als der Wind endlich abflaute und das Rollen des Schiffes schwächer wurde, »oben könnt ihr weiterstreiten.«

Aber zunächst verschlug es uns einmal die Sprache, als wir

nach oben gingen, und niemand dachte mehr daran, auch noch einen Gedanken an die Windstärke zu verschwenden. Wir standen nur da und schauten. Ob Cocky oder Dolly zuerst dran war, war inzwischen uninteressant geworden, die Brecher hatten beide über Bord gespült. Zusammen mit einem Stück der Reling, zusammen mit dem Kreuzmast, zusammen mit dem Langboot – zusammen mit Mr. Hudson.

Ich brauchte eine Minute, um mich so zu beherrschen, daß ich nicht wie ein Hund losheulte.

Vielleicht hätte ich es doch noch getan, wenn nicht die Stimme meines Vaters gewesen wäre, die es verbot, traurig zu sein, solange anderes zu tun war. Er lief von einem Ende des Schiffes zum anderen, schaute in die letzten Ecken, nur um keinen Schaden zu übersehen, der vielleicht gefährlich werden könnte. Der Zimmermann hatte bereits die Spieren losgemacht, die als Reservemasten gedacht waren, Francis kam nach oben und schickte mich im Auftrag von Sam zum Holzholen, der Segelmacher suchte fluchend seinen Segelhandschuh, und in der Kombüse lagen die Töpfe in einem wirren Durcheinander auf dem Boden. Und so holte ich Holz, machte die Brotrationen fertig, brühte Kaffee auf, nachdem Francis endlich mit nassen Holzspänen ein Feuer zustande gebracht hatte.

»Wie steht es eigentlich mit unseren fetten Prisen?« fragte Sam, als der Geruch des Kaffees bereits durch den Raum zog. Ich schüttelte den Kopf. Im Augenblick hatte ich nicht an die Prisen gedacht, sondern an Mr. Hudson. »Irgend jemand wird doch wissen, was aus ihnen geworden ist?« fragte Sam hartnäckig und goß den Kaffee in die Kanne, »schließlich kann man doch nicht einfach zwei Schiffe übersehen.«

Ich richtete das Essen für die Offiziere, irgendwann würde ich mich daran gewöhnen müssen, daß ich es von jetzt ab allein zu machen hatte.

»Eines ist verschwunden, eines steigt gerade über die Kimm«, sagte Sam, als ich wieder zurückkam, um das Brot zu holen. Ich stellte die Marmelade aufs Tablett und goß mir Kaffee ein.

»Auf welches der beiden war eigentlich der Doktor gegangen?« fragte er dann.

Ich blickte hoch und goß weiter. »Zum Kuckuck, mußt du noch mehr Unordnung machen«, schrie Sam, als der Kaffee auf den Tisch lief, »meinst du, ich koche noch ein zweites Mal?«

Gleich darauf kam der 2. Maat in die Küche, gefolgt von Kitty, die weiß bis unter die Haarwurzeln war. »Auf welches Schiff ist Dr. Bryan gestern abend zuerst gegangen?« fragte sie.

»Also, ich glaube, auf die *Jeune Gabriel*«, sagte der 2. Maat zögernd, »er hat doch gesagt, daß er dort einen Fieberkranken hat, den er zuerst besuchen wolle.«

Sam begann an seinem Herd zu wischen. »Ich weiß von nichts. Mir hat er nichts gesagt, und nachgeschaut habe ich ihm nicht.«

Kitty ging wortlos nach oben, wir schauten uns an. »Welches Schiff ist denn noch übrig?« fragte Sam.

»Die *Jeune Gabriel*, die *Satanitas* muß es erwischt haben, die war am weitesten nördlich.«

Nach einigen Augenblicken kam Kitty wieder zurück und setzte sich auf den einzigen Hocker in der Kombüse. Sam versuchte rasch noch die Fettspritzer wegzuwischen, aber Kitty war rascher. Im übrigen hatte sie nicht mehr sehr viel von jener Kitty an sich, die vor sechs Monaten in die Kombüse gekommen war, um zu sehen, ob ihre Brennschere immer noch nicht heiß war.

»Sie sagen, er sei zur *Jeune Gabriel*«, sagte sie und starrte dabei auf Sams Messer, das er mit einem Wetzstein gerade zu schärfen begann.

»Na und, dann ist doch alles in Ordnung«, sagte Sam und ließ den Daumen prüfend über die Klinge gleiten.

»Und wenn er doch zuerst auf die *Satanitas* ist?«

»Dann werden wir es bald genug erfahren.«

»Und«, Kitty stockte, »wann werden wir es erfahren?«

»Sobald die See wieder ruhig ist und man ein Boot aussetzen kann, oder das Schiff nah genug ist, um mit dem Megaphon hinüberzurufen. Und im übrigen haben sie einen Notmasten, damit kommen sie bis nach Liverpool.«

Kitty strich ihr Haar zurück und ging aus der Kombüse.

»Weiber«, sagte Sam kopfschüttelnd, »wetten, daß sie gleich

wieder mit ihm streitet, sobald er auch nur einen Fuß auf die *Mary Anne* gesetzt hat?«

»Falls er einen Fuß auf die *Mary Anne* setzt«, sagte der 2. Maat, der gerade in die Küche kam, »die *Jeune Gabriel* hat nämlich den Kurs gewechselt und zieht von uns weg.«

»Wie bitte?«

»Das muß ja nichts bedeuten«, sagte der 2. Maat, »es kann ja ganz einfach so sein, daß sie noch nach Überlebenden suchen.«

»Aber genauso gut kann es auch sein, daß die anderen sich das Schiff zurückgeholt haben, oder?«

Der 2. Maat lächelte. »Auch das kann natürlich sein.«

Sam legte sein Messer wieder auf den Tisch. »Na ja, so sehr viel hat sie sich ja eigentlich auch wieder nicht aus Kleidern gemacht, meine Jenny, und ob ihr indische Seide überhaupt Freude gemacht hätte?«

»Sicher nicht, Sir«, sagte der Maat liebenswürdig und ging.

Am späten Vormittag tauchte die *Jeune Gabriel* wieder am Horizont auf, allein und ohne die *Satanitas* im Schlepptau, wie wir alle gehofft hatten.

»Sie segelt aber ganz munter«, sagte Francis, mit dem ich zusammen das Takelwerk von den Kanonen abwickelte, »doch sicher fünf Meilen.«

»Aber sie liegt tief im Wasser.«

»Das lag sie doch schon immer.«

»Nein, die *Satanitas* lag tiefer.«

»Irgendwas ist komisch«, sagte Francis.

»Wir werden's ja bald wissen.«

Aber es verging noch eine ganze Stunde, bevor unsere Neugier endlich gestillt wurde. Der Zimmermann, der gerade die Reling ausbesserte, rief den Kanonier zu sich heran und deutete auf das Boot, das soeben ins Wasser gelassen wurde. »Kannst du erkennen, wer das ist?«

Der Kanonier schüttelte den Kopf. »Sieht auf jeden Fall nicht wie der Doktor aus, eher wie ein Junge.«

»Schiffsjungen haben wir selber, vielleicht ist es doch der Doktor.«

»Seit wann ist denn der Doktor schwarz?«

»Schwarz?« sagte der Zimmermann verblüfft, »dann kann es ja nur Mr. Berrys Neger sein. Kommt der andere auch?«

»Nein, nur einer«, sagte der Kanonier.

»Aber jetzt kommt der Doktor«, rief Francis.

»Den bunten Kleidern nach ist das unser lieber guter Mr. Berry«, sagte der Zimmermann, in die Sonne blinzelnd, »der Doktor hat ja nie was anderes an als sein beinahe weißes Hemd, und an Hosen besitzt er, glaube ich, nur zwei.«

»Mr. Berry kommt wieder und sein Wanzennigger«, stöhnte Sam, »habt ihr das schon gesehen? Ich frag mich nur, weshalb er nur einen mitbringt und ausgerechnet den Zuchtnigger.«

»Ist das nicht der Bettnigger?« fragte der Kanonier, »der andere war doch größer.«

Ob Simson oder Josua, ließ sich aus der Entfernung nicht feststellen, wohl aber, daß der Doktor ebenfalls ins Boot stieg.

»Wo ist denn unsere angstvolle Jungfrau?« fragte Sam und drehte sich um. Aber Kitty war nicht zu sehen. Auch als das Boot immer näher kam, und Francis in ihre Kabine gegangen war, um mitzuteilen, daß der Doktor käme, kam Kitty nicht an Deck.

»Sie hat Kopfschmerzen«, sagte Francis mitfühlend. Die anderen grinsten.

»Und es ist doch Josua«, beharrte der Zimmermann, als das Boot endlich anlegte und der Doktor als erster das Fallreep heraufkletterte. Sein Hemd war noch schmutziger als sonst, und sein Blick glitt suchend über Deck. Dann wandte er sich um und half Mr. Berry herauf, während Josua von hinten schob.

»Macht seine Kabine fertig«, sagte der Doktor kurz, als Mr. Berry endlich schwankend auf den Planken stand, »und sagt dem Master Bescheid.«

Mr. Berrys Gesicht legte sich in Falten, aber es wurde kein rechtes Lachen daraus. »Hilf mir in meine Kabine, Simson«, sagte er würdevoll, »ich muß mich erst ein wenig zurechtmachen, bevor ich zum Abendessen an Ihren Tisch kommen kann, meine Herren. Auch Simson ist sehr mitgenommen und kann heute bei Tisch nicht servieren. Er muß sich zunächst ausruhen, damit die Aufregung seiner Gesundheit nicht schadet.«

Wir blickten uns verblüfft an. »Das ist doch Josua, Sir«, sagte Sam schließlich, »Simson war doch der größere?«

Der Doktor warf uns beschwörende Blicke zu, Mr. Berry legte seine Hand beruhigend auf den Arm von Sam. »Sie täuschen sich, Sir, es ist Simson. Josua ging leider über Bord, mit fast dem ganzen Geld übrigens. Hat sich nicht richtig festgehalten, der Junge, war einfach zu schwach für diese Brecher. Aber dafür konnte er anderes«, murmelte er dann und ließ sich von Josua abführen. »Schöne Sachen übrigens, weiß gar nicht, woher er das alles konnte!«

»Er ist übergeschnappt«, sagte Sam ruhig.

Der Zimmermann nahm einen Nagel aus dem Mund und legte ihn auf einen Balken. »Das ist die Strafe Gottes«, sagte er dann, während er den Nagel durch den Balken trieb.

Wir trennten uns, ich ging mit Sam in die Küche, um das Mittagessen zu richten. »Daß es das gibt«, sagte Sam, während er in seiner Suppe rührte, »von heute auf morgen einfach verrückt!«

Ich mußte an Mr. Hudson denken. Von heute auf morgen tot war auch etwas, an das man sich zuerst gewöhnen mußte. Auch wenn ich den Eindruck hatte, daß der Tod auf diesem Schiff für die Männer offenbar nur halb soviel bedeutete wie bei uns daheim. »Der fährt immer mit, auf jeder Reise«, hatte mein Vater einmal gesagt, als meiner Mutter der Abschied schwerfiel, »aber ein paar spart er immer aus.« Mr. Hudson hatte er nicht ausgespart, und ob er mich aussparen würde, war fragwürdig.

»Ich bin gespannt, wie das alles zugegangen ist«, sagte Sam, als ich das Essen in die Kajüte brachte, »inzwischen wird ja Dr. Bryan mit seiner Untersuchung fertig sein.«

Aber das Gespräch bei Tisch kam zunächst nicht auf Mr. Berry, sondern auf die Prisen.

»Ausgerechnet die *Satanitas*«, sagte mein Vater und faltete die Serviette auseinander.

Der 3. Maat räusperte sich. »Hätten Sie es lieber gehabt, daß es die *Jeune Gabriel* gewesen wäre?« fragte er dann, während er sich das Fleisch auf den Teller legte, »dort sind drei unserer besten Leute!«

Mein Vater unterdrückte offenbar einen Fluch. »Ich hätte es lieber gehabt, wenn wir beide Schiffe mit nach Liverpool gebracht hätten«, sagte er dann, wobei offenblieb, ob es ihm dabei um die Prisen oder um die Menschen ging. Dabei war wie durch einen Glücksfall nur ein Mann unserer Besatzung umgekommen. Und zwar deswegen, weil an Bord der *Satanitas* ein Puertorikaner mit dabei war, der in der Karibik groß geworden war und eine halbe Stunde vor Ausbruch des Hurrikans den 2. Maat bedrängt hatte, einen Teil der Ladung auf die *Jeune Gabriel* zu schaffen. Der Prisenmeister hatte sich gewehrt und gemeint, das dürfte er unmöglich ohne Befehl des Kapitäns machen. Andererseits war ihm auch klar, was passieren würde, wenn der Hurrikan wirklich kam. Die Gold- und Silberbarren würden verloren sein. Der Doktor hatte zuerst die *Satanitas* besucht und kam gerade dazu, als die Vorbereitungen für die Umladungen getroffen wurden. Darauf ließ er seine Kranken ebenfalls auf die *Jeune Gabriel* schaffen, gerade im letzten Augenblick. Während Mr. Berry plötzlich in Panik geriet und auf die *Mary Anne* zurückwollte, weil er sich dort sicherer glaubte. Er ließ sich von niemandem abhalten und wollte mit seinen beiden Negern allein zurückrudern. Simson befand sich mit mehr als der Hälfte des Goldes bereits im Boot, als die See hochging und das Boot wie einen Spielball in die Luft warf. Da Simson nicht schwimmen konnte und die Offiziere Mr. Berry mit Gewalt zurückhielten, ertrank er vor den Augen der Leute. Aber inzwischen hatte der Sturm bereits eingesetzt und niemand hatte mehr Zeit, an einen ertrunkenen Schwarzen zu denken.

»Und Mr. Berry?« fragte mein Vater, als klar war, daß die *Jeune Gabriel*, wenn auch schwer beschädigt, aber doch bis Liverpool kommen würde.

»Der Klüverbaum hat ihn beim Herunterfallen gestreift«, gab Mr. Bryan zur Antwort und band sich die Serviette um.

»Und?«

»Er hat einen Schock, mehr kann ich noch nicht sagen.«

»Und was machen wir mit ihm?«

»Es wird uns wohl nichts anderes übrigbleiben, als ihn mitzunehmen. Was sollen wir sonst mit ihm machen? Ganz einfach wird es nicht mit ihm werden.«

Mein Vater hielt mir sein Weinglas entgegen. »Vermutlich wären hundert Sack Zucker einfacher gewesen. Erst ein Größenwahnsinniger und jetzt ein Verrückter.«

Mr. Bryan betrachtete sinnend sein Glas. »Größenwahnsinnig war er nie, aber vielleicht sollten Sie sich mal Josua anschauen.«

Was Dr. Bryan meinte, wurde mir klar, als ich am andern Morgen nach dem Frühstück dem Zimmermann beim Kalfatern des Decks half. Mr. Berry saß uns schräg gegenüber auf einer Taurolle und blickte herüber.

»Gehe trotzdem zu meinem Bruder nach Liverpool und zu meiner Mutter«, sagte er gerade lautstark, »kann der Doktor, der verrückte, sagen, was er will. Spital! Als ob Christian Berry je in seinem Leben in einem Spital gewesen wäre! Werde doch wohl pünktlich zu Ostern dort sein?« fragte er dann ängstlich.

Der Zimmermann rührte in seinem Teer. »Ich denke, es wird Weihnachten werden, Sir«, sagte er dann ruhig.

»Weihnachten?« Mr. Berry stutzte. »Dachte, es sei Ostern, auf das wir zufahren.« Dann lachte er wieder sein verzerrtes Lachen. »Ob Weihnachten oder Ostern, macht nichts. Sollen auf jeden Fall sehen, was aus old Christian geworden ist, nicht wahr, Simson?« sagte er dann und tätschelte dem Sklaven liebevoll den Kopf. »Und anschließend fahren wir zurück nach Barbados, und dann bist du endlich alt genug für Mary – oder war es Amalie, die ich dir geben wollte?«

Josua blähte die Nüstern. »Simson stark genug für Mary und Amalie zusammen, Simson bester Zuchtnigger, den Massa gehabt. Ich jetzt Simson, stark und groß.«

»Du doch immer Simson«, sagte Mr. Berry beruhigend, »du doch immer Simson sein, Josua nur gut für Bett.«

Josuas Augen traten fast aus den Höhlen vor Stolz. »Ich Mary belegen, dann Amalie, dann Margret, dann Elisabeth. Massa mich kreuzen nur mit schöne starke Mary, dann viele Kinder, in zehn Jahren wir Massas Farm zur größten Farm von ganz Barbados machen.«

Uns lief es eiskalt über den Rücken, und wir hatten längst aufgehört, den Teer in die Ritzen des Bootes zu streichen. Wir schauten uns an und wußten nicht, mit wem wir mehr Mitleid haben sollten – mit dem unter einem Schock stehenden Mr. Berry oder seinem größenwahnsinnig gewordenen Nigger, der nie auch nur einen einzigen Nachkommen würde zeugen können.

Mr. Berry aß nicht mehr mit uns am Tisch die restliche Zeit, die wir noch auf See waren. Er paßte sich der Sprache Josuas an und ließ sich von ihm sein Essen in die Kabine bringen. Der Sklave bediente ihn, und wenn er nicht eine solch widerliche Haltung an den Tag gelegt hätte, hätte man sagen können, wie eine Mutter ihr Kind. Aber manchmal war er einfach fast unerträglich, und seine Sprüche brachten uns in Weißglut.

»Für Simson großes Stück Fleisch, so groß wie für Massa, und viele Eier«, konnte er sagen, wenn er die Schüsseln aus der Kombüse holte. »Massa sagen, Eier gut für Zucht.«

»Laßt ihn doch in Ruhe!« wehrte Sam ab, wenn ihn die Matrosen dann hänselten.

»Er ist so verrückt wie sein Herr, auch wenn er keinen Balken auf den Kopf bekommen hat. Und den hat's doppelt getroffen. Wenn's nur der Zuchtnigger gewesen wäre, aber das ganze Gold gleich mit . . .«

»Und unser Gold, was ist mit unserem Gold?« murrten die Matrosen dann, »hat's uns vielleicht nicht getroffen? Ich hätte mir ein Haus gekauft, ein ganz kleines, weißt du, an der Küste von Wales, das hab ich mir schon immer gewünscht.«

»Und ich wollte ein Geschäft aufmachen«, sagte ein anderer wütend, »kein großes, aber ich wäre dann zu Hause geblieben, und meine Alte hätte sich nicht dauernd aufregen müssen, daß sie eines Tages mit ihren acht Bälgern allein dasitzt.«

»Wie gewonnen, so zerronnen«, sprach Sam weise, »was meinst du, was meine Jenny gesagt hätte, wenn ich ihr indische Seide mitgebracht hätte! Jetzt muß sie sich eben mit einem

Beutel voll Gewürzen zufriedengeben, was anderes habe ich ihr ohnehin nie mitgebracht. ›Bring dich selbst wieder mit‹, sagt sie immer.«

Für einen Augenblick herrschte Stille, und als einer der Matrosen »Mr. Hudson« sagte, nickten die anderen. Er konnte sich selbst nicht mehr mitbringen. Ich wußte nicht einmal, ob ihn zu Hause überhaupt jemand erwartete, ob er eine Frau hatte, Kinder. Von einer alten Mutter hatte er einmal erzählt, und ich beschloß, sie aufzusuchen, wenn ich erst wieder zu Hause war. Sonst wußte ich wirklich nicht viel von ihm. Ich lernte ihn erst kennen, als ich während einer Freiwache seine Sachen ordnete. Und als ich seine Kiste öffnete, hatte ich das Gefühl, als seien das zwei verschiedene Menschen gewesen, die ich gekannt hatte. Ich fragte mich, wofür ich ihn eigentlich gehalten hatte – für einen Durchschnittsmann, so, wie sie sonntags zu Hunderten im Hyde-Park herumliefen oder bei uns in Liverpool am Kai standen und voller Sehnsucht den Schiffen nachsahen? Für jemanden, der dabeisteht, wenn andere auf die Kiste steigen und Reden halten, ohne je auf die Idee zu kommen, daß er selber auch das gleiche tun könne? Oder für wen sonst? Als Francis hereinkam, bat ich ihn zu bleiben. Weil ich nicht allein sein wollte mit all den Dingen, die da aus seiner Kiste herauskamen. Ich wußte gar nicht, daß er so viel mit sich herumschleppte, gesehen hatte ich ihn immer nur mit der Bibel. Aber hier gab es mehr als nur die Bibel – Flugblätter, wie sie Mr. Berry vor den Mannschaftsaborten gefunden hatte, einen Briefwechsel mit Clarkson, Zahlen über den Sklavenhandel und nochmals Flugblätter.

»Laß mal sehen!« sagte Francis und nahm mir eine der Schriften aus der Hand, »also 1752 hatte Liverpool 88 Schiffe, die mit Afrika Handel trieben, davon handelten 87 mit Sklaven und nur eines mit Holz und Zähnen. Außerdem gab's 101 Kaufleute, die Mitglieder der British Royal African Company waren.«

Ich hatte inzwischen die Bildermappe hervorgeholt und sie aufgeschlagen. Alles, was ich damals nur im Bruchteil von Sekunden auf dem Boden der Kombüse gesehen hatte, lag jetzt klar und deutlich vor mir – es schienen inzwischen noch weitere Bilder dazugekommen zu sein. Der Segelmacher, wie er die Toten in Segeltuch einnähte – selbstverständlich nur die Weißen, die Sklaven wurden so über Bord geworfen. Egbo, wie er hoch oben am Bugspriet im Winde baumelte. Das Baumeln war so gut gezeichnet, daß man das Gefühl hatte, er müsse jetzt gerade in diesem Augenblick nach der anderen Seite pendeln. Mr. Berry, wie er mit gespreizten Fingern seine goldene Schnupftabaksdose hervorzog, Simson, wie er Josua mit Olivenöl einrieb. Aber das Bild, das mich am meisten traf, war nicht der im Winde baumelnde Egbo und auch nicht die neunschwänzige Katze, die auf die Rücken all dieser Namenlosen herunterklatschte. Es war ein Bild Yambas, wie sie auf einer Taurolle auf Deck saß und eine Perlenkette machte. Sie hatte das Gesicht lächelnd Dr. Bryan zugewandt, und ich war eigentlich sicher, daß sie in jenem Augenblick glücklich war. Es war das einzige positive Bild in der Mappe, ein Bild, mit dem Mr. Clarkson gewiß nichts anfangen konnte, und so legte ich es auf die Seite.

»Schau mal, hier sind lauter Broschen, was wollte er denn damit?« fragte Francis und hielt mir einen schmalen Karton entgegen, »Broschen und Krawattennadeln.«

»Es werden die sein, die Wedgewood für das Komitee machen ließ.«

»Der Porzellanfabrikant?«

Ich nickte.

»Wann hat er das nur alles gemalt?« fragte Francis, nachdem er die Bildermappe angeschaut hatte. »Ich habe ihn doch immer nur Landschaftsbilder machen sehen.«

»Ich weiß es nicht. Selbst in seiner Bibel, die ich am anderen Tag nach dem Hurrikan irgendwo halb zerfetzt und durchnäßt auf Deck gefunden habe, waren auch noch welche. Schön klein, so daß sie gerade zwischen den einzelnen Seiten Platz finden konnten.«

»Er war ein guter Quäker«, sagte Francis nach einer Weile, während wir nur dasaßen und in die Kiste starrten.

»Er war auch ein guter Zeichner.«

Francis nickte. »Und was wirst du jetzt tun?«

»Es Clarkson bringen, wie ich es ihm versprochen habe.«

»Und dein Vater?«

»Wieso?«

»Na ja, wirst du es ihm sagen?«

»Ich weiß nicht, vielleicht später. Wenn ich alles erledigt habe. Vorher auf keinen Fall!«

»Und dann?«

Ich nahm das Bild Yambas hoch und betrachtete es. »Sklavenhändler werde ich nicht, und wenn er mich halb zu Tode prügelt.«

»Aber was sonst?«

»Vielleicht mache ich wirklich das, was Mr. Hudson gesagt hat. Vielleicht gehe ich zu einer Zeitung.«

»Glaubst du, daß das klappt?«

»Ich weiß es nicht. Ich weiß alles nicht.«

Und ich wußte wirklich alles nicht. Nicht, ob ich überhaupt meinem Vater erzählen würde, wer Mr. Hudson wirklich war, nicht, ob ich den Mut haben würde, alles so zu machen, wie ich es mir jetzt ausdachte. Nicht, was ich tun würde, wenn keine Zeitung bereit war, mich zu nehmen. Und eigentlich hatte ich auch ein Recht darauf, nichts zu wissen. War ich etwa ein Mann geworden, so, wie sich mein Vater das wünschte? Und im übrigen erschienen mir die Attribute eines Mannes auch gar nicht mehr erstrebenswert. Keine Tränen, nie eine Frau schlagen, keinen Alkohol – wenn ich die Schablone, die mir mein Vater irgendwann einmal, ich glaube, es war bei unserem ersten Gespräch über meinen künftigen Beruf, gegeben hatte, auf Mr. Bryan anlegte, paßte ohnehin gar nichts mehr. Geweint hatte er an jenem Nachmittag in der Kirche auf Barbados, der Whisky gehörte nach wie vor zu seinen bevorzugten Nahrungsmitteln, und Kitty hatte er eine Ohrfeige gegeben, ohne daß es ihr offenbar viel schadete. Und so beschloß ich in all meiner Unsicherheit, erst einmal abzuwarten. Die Dinge auf mich zukommen zu lassen, wie Tante Fanny immer vorschlug. Noch waren es mindestens vierzehn Tage bis Liverpool, und vielleicht konnte ich irgendwann noch mit jemandem über all dies reden. Daß ich dabei in erster Linie an Dr. Bryan dachte, war klar, denn er war der einzige, der auf meiner Linie lag. Aber sosehr ich auch auf eine Möglichkeit für ein Gespräch hoffte, sie ergab sich nicht, der Doktor war pausenlos beschäftigt. Während dieser Zeit trank er übrigens nur wenig, und wenn, dann so, daß es niemand merkte. Obwohl es ihn sicher schon lange nicht mehr störte, was wir über ihn dachten. Ich hatte fast den Eindruck, als seien wir für ihn zu völlig unwichtigen Figuren geworden. Wenn er das Wort an uns richtete, dann nur, weil jemand im Weg herumstand und ihn bei seiner Arbeit behinderte. Und Arbeit gab es immer noch, auch wenn ein Teil der Verletzten wieder Dienst tat. Eine zweite Amputation mußte bei einem französischen Offizier vorgenommen werden, der den Brand bekommen hatte. Diesmal half nicht Kitty, sondern der 3. Maat.

Manchmal hatte ich das Gefühl, daß sich seit jener Ohrfeige zwischen den beiden etwas geändert hätte, etwas, was nicht greifbar war und das vielleicht nur Tante Fanny aus mir herausfragen konnte. Aber manchmal glaubte ich dann auch wieder, daß ich mir das alles nur einbilde. Daß es Hirngespinste seien, die jeglicher Grundlage entbehrten. Denn Gespräche gab es kaum mehr zwischen ihnen. Nicht einmal mehr Streitgespräche, nur sachliche Fragen, die Kitty manchmal stellte, wenn sie seine Anordnungen nicht richtig verstanden hatte. Wie lange zum Beispiel der Verband bei Mr. X oder die Schiene bei Mr. Y noch zu bleiben hätte, und ob der Schiffsjunge jetzt wieder normale Mahlzeiten bekommen könne. Aber all das spielte sich vor den Augen der Öffentlichkeit ab, stets waren Leute dabei, und ich hatte den Eindruck, daß es beiden so recht war. Einmal kam ich in die Kombüse, als Sam und der Küfer sich darüber unterhielten. »Meinst du vielleicht, er ließe sich heiraten, gesetzt den Fall, daß es überhaupt so ist, wie du annimmst? Der ist störrisch bis auf die Knochen, und wirklich, was hat er denn auch vorzuweisen für die Tochter eines Reeders?«

»Immerhin ein Examen von Cambridge, habe ich gehört«, erwiderte der Küfer zögernd.

»Und eine versoffene Leber!«

»So schnell geht das doch nicht, man kann doch jahrelang trinken.«

»Das tut er ja auch, unser guter Doktor, und zwar harte Sachen, kein Himbeerwasser. Und außerdem sein religiöser Tick, mal in diese Kirche, mal in jene, und überall paßt's ihm nicht. Ne, das müßte schon anders laufen.«

»Wie anders? Daß sie ihn vielleicht fragt? Hast du das schon mal erlebt, daß eine Frau einen Mann fragt, ob er sie heiraten will?«

»Eben. Und deswegen wird alles so bleiben, wie es ist. Oder willst du etwa den Heiratsvermittler spielen?«

»Bewahre«, wehrte der Küfer ab, »dazu tauge ich bestimmt nicht!«

Und so blieb alles, wie es war. Genauso, wie Sam es vorausgesagt hatte.

Der Doktor lebte drei Tage auf der *Jeune Gabriel*, einen auf der *Mary Anne* und wieder zwei Tage auf der *Jeune Gabriel*. »Ihre Leute sind ja schon fast alle wieder gesund«, sagte er zu meinem Vater.

»Und die auf der Brigg?«

»Sind so weit, daß wir sie auf der Insel Man mit gutem Gewissen absetzen können.« Und so war es eine stattliche Anzahl Leute, die wenige Tage später von Bord gingen – Franzosen, Spanier, einige Kaufleute. Sie waren gut behandelt worden, wie dies bei Kapern üblich war, sie würden auch, wenn das Wetter freundlich war, ihr Heimatland bald wieder erreichen. Die Auslagen, die wir mit ihnen hatten, würden sie zurückerstatten müssen.

Mein Vater ließ auch einiges auf der Insel Man an Land bringen. Seine 50 Fässer aus Mr. Berrys Plantage. Ich war zufällig an Deck, als die Matrosen die Fässer ins Boot schafften. »Wasser«, sagte der eine und tippte sich an die Stirn, »als ob die hier nicht selber welches hätten!«

»Vielleicht ist aber gar keines drin«, sagte der andere verschmitzt.

Der erste schaute mit schwitzendem Gesicht hoch. »Und was dann?«

»Vielleicht Rum oder sonstwas«, flüsterte der zweite.

»Du bist wohl verrückt!« empörte sich der andere, »unser Käpt'n und Rum schmuggeln! Die neunschwänzige Katze gehörte dir dafür. Da laß ich mir doch die Hand dafür abhacken, daß da Wasser drin ist. Vielleicht Heilwasser, so wie in Bath oder Harrowgate. Meine Schwester bringt da auch immer Flaschen mit, wenn sie mit ihrer Herrin dort war.«

Wie hatte einmal ein Abgeordneter gesagt: »Die Kapitäne kommen gleich nach dem lieben Gott.« Was Wunder, daß das seine Leute auch glaubten. Und wenn man gerecht war, mußte man sagen, daß er das seemännische Handwerk verstand. Er hatte den Hurrikan gemeistert, er hatte zwei Kaper genommen, er hatte eine Meuterei und ein Feuer gebändigt. Er hatte gute Arbeit geleistet auf dieser Reise, und eigentlich schämte ich mich ein bißchen, daß sie bei mir nicht besser angeschlagen war.

Wir erreichten Liverpool am anderen Vormittag, gerade noch vor dem Mittagessen. »Nur zwei Stunden früher, dann hätte ich schon mit Jenny zusammen essen können«, ärgerte sich Sam.

»Und ihr dein riesengroßes Geschenk vorzeigen, was?« lachte der Zimmermann.

»Er bringt ja sich selber«, spottete der Küfer, »wenn das kein Bild ist!«

»Ich hab nur zehn Pfund zugenommen«, wehrte sich Sam, als wir ihn alle prüfend musterten, »und Jenny mag dicke Männer.«

Außer dem wieder dicker gewordenen Sam gab es noch viele Bilder an diesem Nachmittag, die ich sah, aber doch eines Tages vielleicht wieder vergessen werde. Die winkenden Menschen am Ufer, als wir in den Hafen einfuhren, die Frauen und Kinder, die am Ufer standen und auf ihre Männer und Väter warteten, der Schnee, der auf den Dächern unserer Stadt lag und die Schiffe halb eingeschneit hatte, die Händler, die auf meinen Vater warteten. Alles war neu für mich und einmalig. Und doch gab es Bilder, die tiefer gingen und die ich bestimmt nie vergessen werde. Josua zum Beispiel, wie er seinen Herrn an Land schleppte, so, als seien es vertauschte Rollen. Mr. Berry trottete wie ein Sklave hinterdrein und ließ sich von seinem Nigger führen. »Ich ja kommen, Simson, Massa nur nicht so schnell gehen wie starker Simson«, war das letzte, was ich von ihm hörte.

»Eigentlich hätten wir uns doch mehr um ihn kümmern müssen«, sagte Sam, als die bunte Gestalt in der Menge verschwand.

»Ich habe den Hafenadmiral benachrichtigt«, sagte Dr. Bryan, »er wird abgeholt und in ein Spital gebracht.«

Was das bedeutete, war uns allen klar. Von seinen drei goldgestickten Geldkatzen würde nicht mehr viel übrigbleiben, falls Josua sie ihm nicht schon auf dem Weg abschwatzte.

Auch das Bild, wie Kitty Robinson das Schiff verließ, werde ich nie vergessen. Aber ich glaube, unsere Gefühle ihr gegenüber waren anders als bei Mr. Berry. Schließlich hatte sie, als es darauf ankam, ihre alte Haut abgeworfen. Aber nun, da wir wieder hier waren, schien es mir, als habe sie diese alte Haut, mit der sie vor acht Monaten an Bord gekommen war, wieder übergestreift. Vielleicht war es dumm, aber ich meinte ganz einfach, man müsse es ihr ansehen, was sie alles getan hatte. Verwundete gepflegt, bei der Amputation geholfen, in Nacht und Kälte beim Lenzen gestanden. Irgendwie, so meinte ich, müsse man ihr doch jetzt ansehen, daß sie unterscheiden gelernt hatte, was wichtig war und was unwichtig. Aber ich sah nichts, aber auch gar nichts davon. Den Rücken straff, die Haare zu Locken getürmt, den Beutel lässig in der Hand, so stieg sie das Fallreep hinunter. Mit ihren langen Röcken kam sie sowenig zurecht wie damals. Als sie fast unten war, riß offenbar ein Knopf an ihrem Cape und fiel ins Wasser. Sie starrte ihm einen Augenblick nach, dann stieg sie weiter. Ich hätte viel darum gegeben, ihre Gedanken in diesem Augenblick zu kennen. Zu erfahren, wie wichtig ihr dieser Knopf war, ob sie sich ärgerte und wenn ja, wie stark. Oder ob dieser Knopf zu einer Nichtigkeit geworden war, nach all dem, was sie erlebt hatte in diesen acht Monaten. Aber sie ging weiter. Ich sah nur noch, wie sie am Ufer von einem älteren Herrn in die Arme genommen wurde, wie sich drei kleinere Kinder an ihre Röcke klammerten.

Außer mir schien sich übrigens niemand sehr für ihren Abgang zu interessieren. Mr. Bryan schon gleich gar nicht. Ihn hatte ich bereits seit dem frühen Morgen mit einer Whiskyflasche im Cockpit sitzen sehen. Er ließ das Perlenarmband, das ihm Yamba einst gemacht hatte, durch die Finger laufen, schließlich hängte er es sich um den Hals. Ich fand ihn albern, aber Sam schüttelte nur den Kopf, als ich ihm davon erzählte.

»Weißt du, womit er sich von Kitty Robinson verabschiedet hat, als sie an seiner Tür vorbeiging? ›Vergessen Sie nicht, Ma'am, Silber ist humaner als Eisen, vergessen Sie es nie, solange Sie leben, hören Sie?‹ Das war alles.«

Ich ging noch einmal an Deck, weil mein Vater unten in seiner Kajüte noch nicht ganz fertig war. Ich ging zu der halb offenen Flaggenkiste und setzte mich daneben. Eine der Flaggen war abgeknickt, und ich versuchte, sie mit einem Ersatzholz zu schienen. Dabei überlegte ich, was ich wohl Tante Fanny erzählen würde. Wie sie das alles sehen würde, das ganze Ungereimte über Doktor Bryan und Kitty. Was sie zu dieser Geschichte sagen würde, von der Mr. Hudson einst meinte, man müsse auf die Feinheiten achten. Ich überlegte mir noch einmal alle Szenen und versuchte, sie mit Tante Fannys geübten Frauenaugen zu sehen.

»Was sagst du, er hat ihr eine Ohrfeige gegeben?« Ich hörte Tante Fanny förmlich die Luft einziehen. »Du meinst geschlagen, richtig geschlagen, mein Junge?«

»Was soll schon dabei sein, wenn er sie geschlagen hat?«

»Das verstehst du nicht, mein Junge. Ein Mann schlägt keine Frau, die er nicht liebt.«

»Aber er brauchte ihre Hilfe.«

»Schon gut, wenn er ihre Hilfe brauchte, aber mußte er sie deswegen gleich schlagen?«

»Der Matrose wäre verblutet.«

»Gut, gut, und nun sage mir, wie sie von Bord ging. Hatte sie einen Hut auf und einen Schleier vorm Gesicht? Und wie tief ging dieser Schleier?«

»Er bedeckte die Augen.«

»Dann dürfen wir hoffen, mein Junge. Sie hat geweint und

wollte es verbergen. Und jetzt noch eines: Hat sie sich umgedreht, als sie ging?«

»Nein.«

»Ist sie stehengeblieben?«

»Ja.«

»Hat sie etwas in ihrer Handtasche gesucht?«

»Ja, ich glaube. Außerdem ist ihr noch ein Knopf abgegan-
gen.«

»Der Knopf ist nicht wichtig, aber die Handtasche. Sie hat sich
nämlich noch einmal überlegt, ob sie umkehren soll, verstehst
du?«

»Aber sie ist nicht umgekehrt.«

»Das macht doch nichts, sie ist jetzt nicht umgekehrt, irgendwann später wird sie es tun. Und noch etwas, was hat der Doktor gemacht?«

»Er war betrunken.«

»Hat er nichts mehr gesagt?«

»Er hat ihr nachgerufen: ›Vergessen Sie nicht, Madam, Silber
ist humaner als Eisen.‹«

»Bedeutet dieser Satz, den ich nicht verstehe, etwas Besonderes?«

»Kitty hat ihn zu Dr. Bryan gesagt, als die Sklaven gebrannt
wurden.«

»Sehr gut, meine Junge, sehr gut. Er wollte sie verletzen, zum
Schluß noch einmal verletzen, verstehst du? Es war seine Waffe, eine jämmerliche Waffe allerdings, wie ich sagen muß.
Aber immerhin, verletzen wollen bedeutet, nicht gleichgültig
sein, verstehst du?«

Ich würde sicher nichts von all dem verstehen, was Tante
Fanny sagen würde, aber was machte das schon? War ich nicht
von Anfang an ein tumber Tor gewesen, lieber Leser? Und
daran hatte sich auch vermutlich auf dieser ganzen Schiffsreise
nichts geändert. Ich war weder zu einem Mann geworden,
noch würde ich von jetzt ab die Katze sein, die die anderen jagt.
Eigentlich war nur eines sicher – daß ich Mr. Hudsons Sachen
nach Clapham bringen würde.

»Recht so, mein Junge, das ist auch eine Story. Zwar nicht ganz die, die ich mir für mein romantisches altes Herz gewünscht hätte, aber auch eine. Keine schlechte übrigens, mein Junge, keine schlechte, verstehst du?«

Folgenden Bibliotheken spreche ich für die zur Verfügung gestellten Unterlagen, vor allem die Logbücher, meinen besonderen Dank aus: der Handschriftenabteilung des Brit. Museum, London, dem Public Record Office, London, dem Merseyside County Museum, Liverpool, und der Historical Library, Liverpool. Mein persönlicher Dank gilt Mr. John West, National Maritime Museum, Greenwich, und Miß N. Whitcomb, Wilberforce Museum, Hull.

Worterklärungen:

Astrolab — altes astronomisches Instrument zur Bestimmung von Längen- und Breitengraden

Backbord — linke Seite des Schiffes (von hinten gesehen)

belegen — Tau festmachen (in Klampen oder Belegnägeln)

Brigg — Zweimaster (Rahsegel an Groß- und Fockmast)

Bugspriet — starkes Rundholz, das weit über den Bug hinausragte und als Verlängerung den Klüverbaum trug; bis ins 18. Jh. hatten die großen Segelschiffe statt des Klüvers am Ende des Bugspriets einen kleinen Mast, den Sprietmast

Dreipfünder — Pfund = Gewicht der Kanonenkugeln

fieren — einem Tau langsam in der Zugrichtung nachgeben

Fregatte — Vollschiff mit drei rahgetakelten Masten; wichtigstes Segelschiff des 18. und 19. Jahrhunderts

Fußpferd — Taue unter den Rahen, in denen der Fuß seinen Halt fand bei der Arbeit an den Rahen

Gangspill — Ankerwinde

Gasten — seemännischer Ausdruck für Matrosen

Gig — Boot des Kapitäns

glasen — (von der gläsernen Sanduhr herrührend, die eine halbe Stunde lief und dann umgedreht werden mußte) Anschlagen der Schiffsglocke im Abstand von einer halben Stunde. Eine Wache dauerte 4 Stunden = 8 Glasen

halsen — wegdrehen vor dem Wind

Kabellänge — Längenmaß: 1/10 Seemeile = 185,2 m; ursprünglich die Länge des Ankertaus

kalfatern — (hölzerne Schiffswände) abdichten

Kaperei — Wegnahme feindlicher oder neutraler Schiffe durch Kaper (= von der Regierung ermächtigte Privatschiffe, die mit Kaperbriefen ausgerüstet waren); 1856 durch die Pariser Seerechtsdeklaration abgeschafft

Karronaden	kurzrohrige Geschütze, auf Back und Achterdeck montiert
Kauri	Gehäuse der Kaurischnecke, das als Zahlungsmittel in Indonesien und in Afrika benutzt wurde
Klampen	Holz- oder Metallstücke zum Festmachen der Taue
Knoten	(Abk. = kn) Geschwindigkeit eines Schiffes. 1 kn = 1 Seemeile pro Stunde = 1852 m/h
Korvette	kleinstes Vollschiff, d. h. Schiff mit drei rahgetakelten Masten, das sich durch besondere Schnelligkeit auszeichnete und daher oft als Kaperschiff Verwendung fand
Lee	dem Wind abgekehrte Seite eines Schiffes
lenzen	leerpumpen des Schiffskörpers mit Lenzpumpen
Log	Gerät zum Messen der Schiffsgeschwindigkeit im Wasser; beim Handlog ein an einer markierten Leine ausgeworfenes Logbrett, das die Leine von einer Logrolle abzieht. Die Anzahl der Knoten, die innerhalb von 14 Sekunden abgespult werden, stellen die Fahrtgeschwindigkeit in Knoten dar
Lot	Senkblei (bis zu 30 kg Gewicht) an einer markierten Lotleine zum Messen der Wassertiefe
Luv	dem Wind zugekehrte Seite eines Schiffes
Nagos usw.	Nagos (Yoruba), Tapas (Nupe-Stamm), Bamburas (Bambara), Calabares (Ibo) = Stämme der Schwarzen an der Küste Afrikas, mit denen die Europäer Handel trieben
Pantry	Raum zum Anrichten und Servieren der Speisen
Poopdeck	erhöhtes hinteres Deck
Preßgänge	Landgänge, bei denen Matrosen durch körperliche Gewalt oder in betrunkenem Zustand an Bord gebracht wurden
Royals	oberste Rahsegel
Runaway	entflohener Negersklave; nach seiner Festnahme wurde ihm ein »R« eingebrannt
Rüsten	Planken an der Bordwand, an denen die Wanten befestigt werden, und auf denen die Lotgasten beim Werfen des Lots standen
Schanzkleid	feste Wand um ein oberes Deck
Schratsegel	Segel, die längsschiffs stehen, also auch Gaffelsegel
Speigatten	Öffnung in einem Schanzkleid, durch das Wasser abfließen kann

Steuerbord	rechte Seite des Schiffes (von hinten gesehen)
Streichen der Flagge	Aufgabe eines Kampfes durch Niederholen der Flagge
Takelage	(Takelung) Gesamtheit der Besegelung eines Schiffes (Masten und segeltragende Hölzer, stehendes Gut, laufendes Gut)
Wanten	seitliche Stütztaue der Masten und Stengen

Jeans-Bücher:
Unterhaltung und Nachdenken

Sich gut unterhalten und dabei nach- und weiterdenken, das ist es, was die Buchgruppe der Jeans-Bücher ihren 13- bis 18jährigen Lesern anzubieten hat:

- Erzählungen von hier und heute, in denen man den anderen kennenlernen kann.
- Geschichten, die zum Miteinanderreden anregen.
- Bücher, die zum Verständnis füreinander auffordern wollen.

Ravensburger Taschenbücher

Schüler-Taschenbücher

Schüler sein bedeutet viel mehr, als täglich zur Schule
zu gehen. Schüler sein heißt vor allem, sich mit offenen
Augen in der Welt umzusehen. Ein paar gute Gedanken
und selber etwas ausprobieren (gemeinsam mit Freunden,
Eltern, Lehrern usw.) – damit kommst du weiter.
Denn du kannst alles lernen, wenn es dir Spaß macht.
Die bisher erschienenen Titel:

Ich will Ich sein!

Mal scharf nachdenken

Unter meiner Haut

Wir sind fit!

Ich mach was aus den Jahreszeiten

Mathe macht mich krank

ALSO ICH FINDE DIE SCHÜLER-TB GANZ TOLL

Ravensburger Taschenbücher